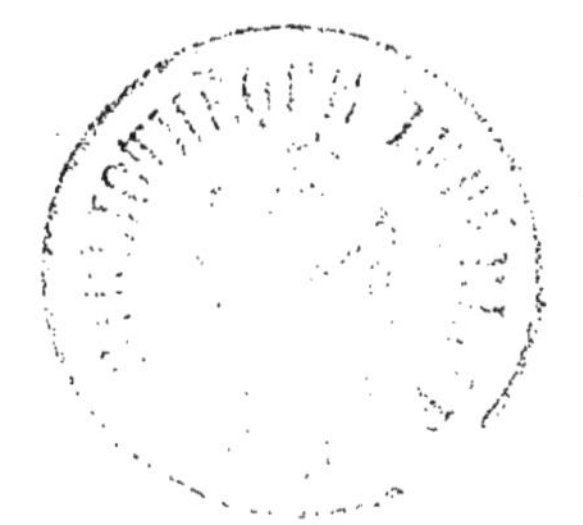

LES TUILERIES,

LE TEMPLE,

LE TRIBUNAL RÉVOLUTIONNAIRE

ET LA CONCIERGERIE.

d. être une contrefaçon

LES TUILERIES,
LE TEMPLE,
LE TRIBUNAL RÉVOLUTIONNAIRE
ET LA CONCIERGERIE,

SOUS LA TYRANNIE DE LA CONVENTION;

AUXQUELS ON A JOINT LE TABLEAU DU 21 JANVIER 1793.

POUR SERVIR

DE SUPPLÉMENT AU JOURNAL DE CLÉRY,

VALET-DE-CHAMBRE DE LOUIS XVI.

PAR UN AMI DU TRÔNE.

A PARIS,

Chez LEROUGE, Libraire, cour du Commerce,
quartier S.-André-des-Arcs.

1814.

INTRODUCTION.

Cinq lustres sont écoulés. Nouveaux Epiménides, nous nous réveillons, après avoir passé ce long espace de temps dans les agitations d'un rêve pénible, souvent bercés par les prestiges de la gloire, plus souvent encore en proie à toutes les atteintes du malheur. L'histoire dira quels furent nos combats, nos illusions, nos fautes, notre dévouement, nos succès, nos revers. Des crimes nombreux souillèrent cette époque terrible ; ils appartiennent à un petit nombre d'hommes.

Il est encore loin de nous, ce temps où le burin de l'histoire pourra retracer, d'une manière impartiale, les événemens qui se succédèrent avec une rapidité effrayante, en assigner les causes, en révéler les motifs, en apprécier les résultats.

Ce n'est donc point l'histoire de la révolution que nous offrons à nos lecteurs ; loin de nous cette prétention ambitieuse. Nous avons recueilli quelques matériaux ; dans le nombre, il en est qui sont généralement connus : il fallait nécessairement les rappeler ; d'autres sont restés ignorés, et les circonstances ne permettaient pas de les publier. Nous en garantissons l'exactitude. Nous nous les sommes procurés de cette manière.

Les députés de la convention, Robespierre, Couthon, Saint-Just, Lebas, ainsi que tous les membres de la commune rebelle du 10 août, qui avaient renversé le trône des lys, n'étaient plus; les juges du tribunal révolutionnaire les avaient suivis de près à l'échafaud. Le gouvernement n'était plus que chaos : tout était dans le désordre; la terreur existait encore, mais la hache homicide restait suspendue; dans le silence du calme, tous les honnêtes gens respiraient. Nous profitâmes de cette tranquillité apparente pour nous procurer, s'il était possible, une copie des pièces originales dont s'étaient servis les conjurés pour faire le procès aux membres de la famille royale des Bourbons. Nous eûmes le bonheur de réussir, en nous introduisant avec beaucoup de peine dans les chambres de ce tribunal où étaient les cartons qui renfermaient les papiers des malheureuses victimes. Pendant quinze jours nous copiâmes beaucoup de procès-verbaux, d'interrogatoires, d'arrêtés, et d'autres pièces secrètes qui n'auraient jamais vu le jour. Ces copies restèrent entre nos mains pendant quelque temps, sans leur donner de publicité. En 1796, deux années après la mort de Robespierre, nous en publiâmes quelques-unes. En 1798, dans le *Procès des Bourbons* que nous fîmes paraître à cette époque, nous y intercalâmes toutes les pièces qu'on a pu lire dans le tome II, depuis la page 200 jusqu'à 256; les autres se trouvent éparses dans cet ouvrage, placées selon l'ordre des matières. Malgré notre courage, nous ne pouvions encore tout dire, ni tout divulguer : des hommes coupables étaient encore en place; mais aujourd'hui que nos princes légitimes sont remontés sur le trône de leurs aïeux, nous croyons qu'il est de notre devoir de mettre au jour la vérité toute entière.

A l'instant où le retour des Bourbons reporte naturellement notre imagination sur leur auguste ayeul, sur ce prince, le modèle des Rois, qui si long-temps fut méconnu par les Français, et qui bientôt s'en vit adoré; à l'instant où les rives de la Seine, ainsi que toute la France, retentissent de ce nom de HENRI, qu'on ne prononce qu'avec un frémissement religieux, on ne verra pas sans un vif intérêt la physionomie du jour, aux époques désastreuses qui renversèrent le trône, qui précipitèrent au tombeau un monarque infortuné, long-temps l'idole de la nation française; son auguste compagne, et sa vertueuse viij

sœur; qui enlevèrent dans sa fleur l'héritier du trône, et couvrirent d'un crêpe sanglant les plus belles années de la princesse que le ciel vient de rendre à nos vœux.

L'horrible journée du 20 juin 1792, qui prépara celle du 10 août suivant, laquelle entraîna la chute du trône des lys; les suites funestes de ces deux journées : tels sont les tableaux que nous nous proposons de retracer, et que comprend notre titre : *Les Tuileries, le Temple et le Tribunal Révolutionnaire.*

Nous nous bornerons aux faits, sans aucune réflexion sur cette espèce de délire qui s'était emparé de presque toutes les têtes; où, semblables aux malheureux piqués de la tarentule, tous paraissaient obéir à une impulsion irrésistible; où la contagion semblait répandue dans l'air; où presque tous éprouvaient les accès progressifs de cette grande maladie politique; où, bravant la tempête et les abîmes, chacun prétendait marcher sur les eaux, sans apercevoir le tournant rapide qui devait l'engloutir pour jamais; où le silence, et le silence le plus profond, était seul le partage de ceux que la contagion n'avait point atteints. Il se trouva néanmoins des monstres qu'il est impossible de ne pas marquer du sceau de l'infamie.

LES

LES TUILERIES

Séjour du Roi aux Tuileries.

CE fut après l'attentat du 5 et du 6 octobre, que Louis XVI vint occuper le château des Tuileries, qui n'avait point été habité par nos rois depuis la minorité de Louis XV.

Il fut loin d'y trouver le repos et le bonheur. Le même palais devait lui servir de prison, ainsi qu'à la Reine, avant qu'on osât les enfermer dans les tours du Temple.

Rien n'était prêt pour recevoir le Roi, et la distribution des appartemens était bien loin de procurer les commodités auxquelles S. M. était accoutumée dans les autres maisons royales, et dont peut jouir tout particulier qui a de l'aisance. Le Roi en fit lui-même l'observation dans sa déclaration aux Français, en date du 20 juin 1791. Il ajoute:

« Mais un sacrifice plus pénible était réservé au cœur de S. M. ; il fallut qu'elle éloignât ses gardes-du-corps, de la fidélité desquels elle venait d'avoir une preuve bien éclatante dans la

funeste matinée du 6. Deux avaient péri victimes de leur attachement pour le Roi et pour
sa famille, et plusieurs encore avaient été blessés
grièvement en exécutant strictement les ordres
du Roi, qui leur avoit défendu de tirer sur la
multitude égarée...»

Depuis ce moment, presque tous les jours
ont été marqués par de nouvelles scènes plus
affligeantes les unes que les autres pour le Roi, ou
par de nouvelles insultes qui lui furent faites...

En 1791, le Roi se disposait à profiter des
beaux jours du printemps, pour aller passer
quelque temps à St.-Cloud. Le club des cordeliers fit afficher un arrêté par lequel il dénon-
çait Louis XVI comme réfractaire à la loi, attendu qu'il ne se rendait à St.-Cloud, pendant
la semaine sainte, que pour éviter de se servir
du ministère d'un prêtre assermenté.

Le lendemain, 19 d'avril, le Roi monta en
voiture pour partir; mais arrivé à la porte des
Tuileries, une foule de peuple s'opposa à son
passage et arrêta les chevaux. Le Monarque fut
obligé de renoncer à son voyage et de rentrer au
palais. Cet événement servit de prétexte aux
chefs des conjurés, pour aigrir davantage le
peuple des faubourgs contre le meilleur des Rois.

Cette société politique qu'avait formée les députés, sous le nom de *club breton*, et qui d'a-

bord semblait avoir un but utile, ne tarda pas, ainsi que toutes celles qui se formèrent à son exemple dans les départemens, et qui lui étaient affiliées, à devenir le foyer de toutes les intrigues.

Le Roi, fatigué de tout ce qu'on lui faisait éprouver, se détermina à quitter une ville ingrate et des sujets qui l'abreuvaient de dégoûts; mais il se vit forcé d'échapper furtivement à ses satellites. Dans la nuit du 20 juin il partit, emmenant avec lui le seul trésor qui lui restât, la compagne héroïque de ses malheurs, sa sœur chérie, et ses augustes enfans ; sa marche est confiée à trois généreux chevaliers, MM. de Valori, Mottier et Maldan.

La Reine, qui désirait ce voyage, fut néanmoins frappée, à l'instant de l'exécution, d'un pressentiment qui ne tarda pas à se réaliser. Elle dit :

Ce voyage ne réussira pas : le Roi est trop malheureux.

Louis XVI avait montré une détermination ferme dans le manifeste qu'il laissa en partant. Il y annonçait son éloignement pour le nouvel ordre de choses.

Mais cette fermeté l'abandonna tout à coup lorsqu'il se vit arrêté à Varennes. Un officier du corps de M. de Bouillé lui demanda ses ordres. Pour toute réponse le Roi lui dit:

Je suis prisonnier ici, je ne puis plus donner d'ordre.

Il est de fait cependant, qu'avec un peu de résolution il pouvait continuer sa route. Il n'avait affaire qu'à trois hommes, et il était armé, ainsi que les trois gardes-du-corps qui l'escortaient : mais la résistance n'était pas dans son caractère, parce qu'elle aurait fait répandre du sang, et on lui a entendu dire :

J'aime mieux descendre de mon trône que d'être cause de la guerre civile.

Le Roi fut ramené comme en triomphe à Paris. Des hommes armés allèrent au-devant de lui. Les trois preux chevaliers que nous avons nommés furent enchaînés sur le siége de la voiture. Il fut conduit au palais des Tuileries. L'assemblée lui donna une garde, dont le commandement fut déféré à M. de la Fayette. On donna une garde particulière à la Reine ; le Dauphin en eut également une. On enferma dans la prison de l'Abbaye tous ceux qui avaient suivi la famille royale à Varennes.

L'assemblée nomma une députation pour recevoir les déclarations que le Roi et la Reine voudraient bien faire. La Reine se borna à dire :

Je déclare que le Roi désirant partir avec ses enfans, rien dans la nature n'aurait pu m'empêcher de le suivre.

Le voyage de Varennes fit redoubler, près de la famille royale, la surveillance, que l'on porta jusqu'à l'incommodité.

On sait que depuis le retour du Roi, l'assemblée nationale fit des changemens à la constitution ; c'est ce qu'on nommait alors *la révision.*

La constitution achevée, elle fut présentée à la sanction du Roi, qui l'accorda sans difficulté, quoiqu'il y reconnut des vices ; car à cette occasion il dit :

« Je suis loin de regarder la constitution comme un chef-d'œuvre ; je crois qu'elle a de grands défauts, et s'il m'avait été permis de faire des observations, quelques changemens avantageux auraient pu être adoptés. »

Enfin l'assemblée constituante termina sa session, et la Reine respira. Elle disait souvent :

« Je ne serai tranquille que quand nous serons débarrassés des constituans. J'ai beaucoup plus d'espoir dans les nouveaux venus.

Que cette princesse se trompait ! Il était écrit dans le livre des destinées, que cette assemblée creuserait son tombeau et celui du Monarque.

Composée, en majeure partie, d'hommes turbulens et ambitieux, cette assemblée se divisa en trois partis bien distincts, qui, agissant en sens inverse, préparèrent la chute du trône, et l'asservissement du peuple Français à la honteuse tyrannie de Robespierre.

Cette assemblée décréta la suppression des droits féodaux, et déclara que les biens des émigrés seraient acquis à la France. Elle décréta, en outre, la déportation des prêtres. Le Roi refusa de sanctionner ces décrets, et remercia les quatre ministres *Roland, Clavière, Servant* et *Dumouriez*. C'est alors qu'il jeta le dernier reflet de la puissance royale. Il écrivit à l'asssemblée une lettre dans laquelle on voit, pour la dernière fois, le mot JE VEUX.

Je veux la constitution ; mais avec la constitution, je veux l'ordre et l'exécution dans toutes les parties de l'administration.

C'est où l'attendaient les conjurés, qui coururent faire tous les préparatifs de cette journée horrible, où la majesté royale fut méconnue, où les personnes sacrées du Roi et de la Reine furent exposées à la fureur des brigands qui avaient violé leur asile, et n'échappèrent aux poignards que par une espèce de prodige.

JOURNÉE DU 20 JUIN 1792.

Mets la main sur mon cœur... vois s'il palpite.

(Paroles de Louis XVI.)

Tous les élémens de la révolte étaient en fermentation. Depuis long-temps ce volcan de sédition, allumé dans le sein de la capitale, y avait produit d'autres volcans qui menaçaient à chaque instant de la mettre en combustion, et de l'ensevelir sous leurs laves brûlantes. Les ouvriers des faubourgs St.-Antoine et St.-Marcel, occupés jusques-là de leurs travaux paisibles, avaient été égarés, agités, exaltés par les discours incendiaires de quelques révolutionnaires. Des sociétés, se disant *patriotiques*, s'étaient formées dans les faubourgs; et là, tout ce que peut enfanter le délire de la déraison, était reproduit chaque jour à la tribune, et couvert d'applaudissemens par la tourbe des foux ou des mal intentionnés. Un club s'était élevé à la porte St.-Marcel; et là, sous le masque du civisme, des hommes de sang et de boue secouaient les brandons des discordes civiles. Les *Santerre* (1), les *Fournier* (2), les *Rotondo* (3), les *Legendre* (4), et autres farouches exécuteurs des complots des régicides, *travaillaient* les habitans du faubourg St.-Antoine. Des conciliabules avaient lieu nuitamment chez Santerre, et quelquefois dans la salle du comité de la section des *Enfans-trouvés*. Là, on délibérait en présence d'un très-petit nombre d'affidés, tels que *Rossignol* (5), *Nicolas* (6), *Gonor* (7), et autres. On y arrêtait les *motions* qui devaient être agitées dans les groupes des Tuileries, du Palais-Royal, de la place de Grève, et sur-tout de la porte St.-Antoine, place de la Bastille. C'est-là qu'on rédigeait les placards incendiaires, affichés par intervalles dans les faubourgs, et les pétitions qu'on colportait dans les diverses so-

---

(1) Alors commandant du bataillon des *Enfans-trouvés ;* depuis commandant général de la garde nationale parisienne. — Mort dans son lit.

(2) Dit l'*Américain*. Electeur de Paris en 1791.

(3) Italien.

(4) Boucher ; depuis député à la convention. — Mort dans son lit.

(5) Ci-devant compagnon orfèvre ; depuis général ; exécuté le...

(6) Sapeur au bataillon des *Enfans-trouvés*.

(7) Se disant *vainqueur de la Bastille*.

ciétés populaires de Paris. C'est-là que fut arrêté le plan de la funeste journée du 20 juin.
Il fallait aux conjurés un prétexte pour se réunir en armes ; et ce prétexte fut celui de présenter à l'assemblée nationale et au Roi, une
pétition *relative aux circonstances*, et de plan-
ter ensuite l'arbre de la liberté sur la terrasse
des Feuillans, en mémoire du *serment du jeu
de paume*. Et pour faire connaître *que les
hommes de 1789 étaient encore là* (1), il fut
arrêté que les *pétitionnaires* des faubourgs seraient *en habit de travail*, c'est-à-dire, que les
hommes dégoutant de sang, les coupe-tête de
juillet, les assommeurs de septembre, et les
monstres qui portèrent en trophée les têtes li-
vides et sanglantes de leurs victimes, y figure-
raient armés de haches, de broches, de piques,
de faulx, d'assommoirs, et de tous les instrumens de mort qui caractérisent la révolte.

Pour donner une apparence de légalité à ce
rassemblement de brigands armés, le 16 de juin,
*plusieurs individus de la section des Quinze-
Vingts et des Gobelins* formèrent, au conseil
général de la commune de Paris, une demande
tendant à ce que les habitans des faubourgs

---

(1) Expression de Santerre.

Saint-Antoine et Saint-Marcel fussent autorisés *à se revêtir des habits qu'ils portaient en 1789,* et à se rendre, *avec leurs armes,* le mercredi suivant à l'assemblée nationale et auprès du Roi.

Le conseil général, le procureur de la commune entendu, *passa à l'ordre du jour,* motivé sur ce que la loi proscrivait tout rassemblement armé, s'il ne faisait partie de la force publique, légalement requise; et ordonna que cet arrêté serait envoyé au directoire du département et au département de police, *et qu'il en serait donné communication au corps municipal.*

Les *habitans des faubourgs* déclarent hautement que nonobstant ce refus, ils persistent dans leur projet, et que le mercredi, 20 juin, ils se rassembleront en armes.

Lorsque le conseil du département eut reçu la délibération de la commune, il prit un arrêté par lequel il chargea le maire, la municipalité et le commandant de la garde nationale, de prendre des mesures pour empêcher le rassemblement. Cet arrêté fit murmurer les factieux, et mit la division dans les autorités et dans la force armée. Pétion ne donna pas d'ordre ostensible; il se contenta de souffler le feu de la discorde, et de prévenir le département, non de ce que les faubourgs voulaient faire, mais de ce qu'ils avaient fait. Il proposa des palliatifs qui n'étaient que des infractions aux lois, et que le département rejetta avec fermeté. Nous n'entrerons pas dans les détails de ces discussions; ils appartiennent à l'histoire.

Pendant que Pétion, Manuel, et quelques officiers municipaux se battaient à coups de plume avec le conseil général du département, les factieux se répandaient de tous côtés pour décider l'insurrection. Le capucin Chabot prêche au comité des *Enfans-trouvés*, et dit à la canaille ébahie : *Mes enfans, l'assemblée nationale vous attend demain, sans faute, à bras ouverts.* Santerre annonce insolemment à la mairie, que *rien ne peut empêcher la garde nationale et les citoyens de toutes armes de marcher.* Les commandans et officiers de la garde nationale se divisent, se disputent; les uns veulent marcher, les autres s'y opposent : les soldats n'obéissent plus à leurs chefs. Tout est confusion et désordre. La nuit se passe ainsi.

Le matin, les conjurés étaient parvenus à former un rassemblement d'environ quinze cents individus, et à le mettre en marche. Il se grossit sur la route, et bientôt il se porte de quinze à vingt mille hommes. Cette masse hideuse arrive aux Feuillans, plante un mai dans la cour, défile dans l'assemblée nationale, passe sur la terrasse des Tuileries, fait un demi-cercle, entre sur le

Carrousel, se fait ouvrir la porte royale, enfonce à coups de haches celles du palais, et inonde les appartemens du Roi et de sa famille.

Comment peindre l'horreur de cette affreuse journée?... Le Roi était dans sa chambre, avec son auguste famille. De temps en temps, il venait dans le cabinet du conseil pour voir ce qui se passait dans la cour. Il aperçoit le premier les portes ouvertes; il ne s'en émeut pas davantage. Il va avertir la Reine, et revient aussitôt pour aller à la rencontre de ces brigands, avec un calme et un courage héroïques. Madame Élisabeth, la Reine et ses enfans le suivent. Le Roi, arrivé à la porte de la chambre de Louis XIV, ordonne de l'ouvrir. On exécute ses ordres à regret. Il entre dans la pièce, qu'on nomme l'*œil-de-bœuf*.

M. Aclocque, chef de la deuxième légion, arrivé en même temps que la foule dans la grand'salle avant les appartemens, court à la porte de la chambre du Roi qu'il trouve fermée. Il frappe; il prie avec instance qu'on daigne lui ouvrir, il se nomme; il déclare qu'il veut sauver le Roi et rester à ses côtés. La porte s'ouvre. Il saisit le Roi à brasse-corps; il tombe à ses genoux, il s'écrie:

« Sire, mon corps vous servira de bouclier; ma vie vous appartient; elle est toute entière à vous, vous le savez ; trop heureux de périr pour une aussi belle cause. »

Le Roi le relève, le suit. Il est accompagné du petit nombre de personnes qui étaient de service, et qui avaient été assez heureuses pour accourir à la défense du monarque. De ce nombre étaient quelques ministres, le respectable maréchal De Mouchy, et plusieurs officiers de différens corps.

Pendant cette scène, on brisait les croisées, on enfonçait la porte d'entrée. Les panneaux d'en bas étaient déjà cassés. M. Aclocque crie au suisse d'ouvrir la porte, afin que le peuple puisse entrer librement voir son Roi. La porte s'ouvre. Au même instant, vingt ou trente individus se précipitent dans l'appartement....

Citoyens ! s'écrie le généreux chef de légion, *reconnaissez votre Roi ! Respectez le, la loi vous l'ordonne. Je périrai, nous périrons tous, plutôt que d'y voir porter la moindre atteinte.*

Dans le même instant arrivait, d'un autre côté, plusieurs grenadiers au secours du Roi...

Il ne m'en faut que deux, dit le Prince ; *grenadiers ou autres, c'est égal : le cœur est le même.*

Bientôt le secours augmente ; plusieurs militaires de différens corps se réunissent aux premiers, et opposent à cette multitude effrénée une barrière impénétrable. Alors on engage le Roi à monter sur l'appui d'une croisée de la salle pour éviter la foule, et pour être plus à portée de voir le peuple. Il s'y place, et Madame Élisabeth, qui n'avait pas quitté le Roi, se place de même sur l'appui de la croisée voisine. Là, céleste, environnée de majesté, elle déploie un courage au-dessus de son sexe, et veille sur les jours du monarque.

Les cannibales entrent en foule dans la pièce, poussent des hurlemens effroyables, et demandent, à grands cris, la tête de la Reine. Ils paraissent avides de sacrifier leur victime. Plusieurs personnes se détachent d'auprès du Roi, vont au devant de ces furieux armés, et font tous leurs efforts pour en arrêter la rage, en leur disant : « Où allez-vous, malheureux ? Que voulez-vous ? Regardez-le ; le voilà, là.... devant vous. Respectez-le. Son courage, sa bonté. l'amènent au milieu de vous. Criez : *vive le Roi !* votre conscience vous y force ».

Une espèce de stupeur saisit les assaillans. Ils restent immobiles, les yeux fixés, la bouche béante, à l'aspect de leur Roi. Leur rage est suspendue pour un instant.... Mais bientôt ils cèdent à leur emportement ; ils crient comme des sauvages, sans savoir ni ce qu'ils disent, ni ce qu'ils veulent. Armés en assassins, ils menacent, soit du geste, soit de la voix, les jours sacrés de leur monarque. Ils poussent la barbarie jusqu'à présenter à ses yeux plusieurs écriteaux effroyables.

Le boucher Legendre ose adresser la parole au monarque. *Monsieur*.... lui dit-il....

A ce mot, le Roi témoigne de la surprise, et ne peut se défendre d'un mouvement d'indignation.

Le farouche orateur remarque ce mouvement, et redoublant de grossièreté, il répète :

« Oui, *Monsieur,* écoutez-nous ; *vous êtes fait pour nous écouter.* Vous êtes un perfide ; vous nous avez toujours trompés ; vous nous trompez encore ; mais prenez garde à vous ! La mesure est à son comble, et le peuple est las de se voir votre jouet. »

Alors il fait lecture d'une espèce de pétition, contenant les expressions les plus gossières, les plus révoltantes, et les menaces les plus horribles. *Telles sont,* ajoute-t-il, *les volontés du souverain dont je suis le fondé de pouvoirs et l'organe.*

Le Roi répond avec fermeté :

Je ferai tout ce que la constitution et l'assemblée nationale m'ordonnent de faire.

Après avoir essayé vainement d'approcher de la personne du Roi, la foule se précipitait dans les appartemens ; elle était successivement remplacée par de nouveaux brigands. C'était un flux et reflux continuels. Le monarque déploya constamment une fermeté héroïque ; et, lorsque la terreur glaçait tous les courages, lui seul, peut-être, montra une âme vraiment intrépide. Des bras régicides sont armés contre ses jours, mille instrumens de mort sont dirigés sur son corps, la mort plane sur sa tête ; il la voit sans frémir, il se dévoue en victime : mais sa contenance est ferme, imposante ; ses paroles sont si mesurées, si sages, que les assassins restent confondus. Il les désigne de l'œil, de la main, du geste ; il semble dire à chacun d'eux ces paroles sublimes d'un orateur d'Athènes : *frappe, mais écoute...* Un grenadier qui se trouve auprès de lui, jure qu'il mourra pour sauver les jours de son Roi ; il s'écrie : « Sire, ne craignez rien !.. » *Moi, craindre !* répond le monarque : *mets ta main sur mon cœur ; vois s'il palpite.*

Un factieux présente un bonnet rouge au haut d'un bâton. Il est pris et placé sur la tête du Roi. Des applaudissemens multipliés, mêlés de cris de *vive la nation !* se font entendre. Une voix s'écrie :

« Il a f..... bien fait de le mettre, car nous aurions vu ce qui serait arrivé. Et f....., s'il ne sanctionne pas le décret sur les prêtres réfractaires et sur le camp de vingt mille hommes,

nous

nous reviendrons tous les jours, et c'est par-là
que nous le lasserons, et que nous saurons nous
faire craindre. »

Sur les cinq heures arrivent, de leur propre
mouvement, plusieurs députés de l'assemblée
nationale, parmi lesquels étaient MM. Isnard
et Vergniaux (1), qui essaient de parler aux
conjurés au nom de la loi. Les brigands refusent
de les entendre, et continuent leurs atrocités. Ils
sont répandus partout ; le château est entièrement à eux. On les voit sur les fenêtres, sur les
toits ; ils courent comme des sauvages, en pous-
sant d'effroyables cris de mort, jusque dans les
souterrains ; ils encombrent les escaliers ; ils arrivent à la porte de M. le Dauphin, où était la
Reine avec ses enfans, et plusieurs dames de la
cour qui avaient eu le bonheur de se réunir à
elle. De nouveaux crimes sont commis : ils en-
foncent les portes à coups de hache ; rien ne leur
résiste : on n'a que le temps de faire passer Sa
Majesté et tout ce qui l'environne dans la chambre particulière du Roi, la seule qui n'était pas
encore forcée ; car même l'appartement de Madame, fille du Roi, fut souillé de la présence
de ces brigands, qui y commirent plusieurs vols.
A peine cette auguste famille fut-elle arrivée

____

(1) Exécuté le 31 d'octobre 1793.

dans cette pièce, que, des deux côtés opposés, des coups redoublés retentirent. La consternation, l'horreur, s'emparent du petit nombre de personnes qui entourent un si précieux dépôt; chacun, dans ce pressant danger, se dévoue à une mort presque inévitable. La Reine, toujours grande et courageuse, cherche à les rassurer, en disant :

Ce n'est qu'à moi qu'ils en veulent. Ne craignez rien ; je vais leur offrir leur victime.

Cette princesse ne s'était point aperçue d'abord du départ du Roi. Lorsqu'elle ne le vit plus, elle déclara qu'elle voulait le rejoindre. On lui représenta que son dévouement ne remédierait à aucun malheur. « N'importe ! s'écria-t-elle, ma place est auprès du Roi. Ma sœur lui sert de rempart ; je veux aussi lui en servir, et mourir, s'il le faut, en le défendant. »

Ses fidèles serviteurs lui opposèrent une noble résistance, et prévinrent peut-être par-là les plus grands malheurs.

Un détachement de braves Parisiens, faisant partie de la garde nationale, accourut enfin au secours de la Reine, à travers mille dangers. Ils entrent avec précipitation dans le cabinet du conseil, qui communique à la chambre du Roi : ils s'emparent de cette pièce de manière que les factieux ne peuvent y pénétrer. On y fait aussitôt passer la Reine, ses enfans et sa suite; elle commence à respirer. Tous les grenadiers et autres lui jurent fidélité. On retourne la table du conseil; Sa Majesté se place derrière avec Madame Royale et M. le Dauphin.

Arrivée devant la porte de la salle des Gardes, la tourbe des factieux eut à combattre un petit nombre d'officiers et de soldats de la garde nationale, qui défendait cette salle. Trois fois elle fondit sur eux, avec des piques, des haches, des fourches, des sabres, des épées; trois fois elle fut repoussée. Un de ces scélérats criait : *J'ai déjà enfoncé plusieurs portes, et j'en enfoncerai encore d'autres pour avoir la Reine morte ou vive.*

Le général Wittinghoff ayant donné l'ordre de laisser traverser aux factieux la salle des Gardes, et par suite celle où se trouvait la Reine, tous ces scélérats s'y précipitèrent à la fois; les propos les plus injurieux, les menaces les plus terribles, portèrent l'alarme dans l'âme de tous ceux qui environnaient la Reine. Cependant, le tableau noble et touchant qui se présentait à leurs yeux, finit, pour ainsi dire, par les désarmer. Plusieurs se découvrirent pour saluer leur souveraine; mais ils n'osaient fixer leurs regards sur ce front imposant et majestueux. Quelques cris, *vive la Reine !* se firent entendre.

2 *

Bientôt M. de Wittinghoff entre, tenant une femme par la main. Cette femme lui remet un bonnet rouge ; il ose le placer sur la tête de la Reine. Cette princesse ne témoigne aucune indignation ; elle accueille même cette femme avec bonté. Elle place ensuite le bonnet sur la tête du prince royal.

Santerre paraît à la tête d'une troupe nombreuse ; il crie qu'on fasse place, et dit à ceux qui le suivent :

Tenez, les voilà ; regardez la Reine et le prince royal.

Sa troupe défile, et la présence de la Reine semble avoir adouci ces hommes féroces. Une femme, vivement émue de la situation pénible où se trouvait cette princesse, ne put retenir ni ses larmes, ni ses sanglots. Santerre étonné s'écrie : *Qu'a donc cette femme ? sans doute elle est prise de vin !*

Mais bientôt lui-même cède au charme qui part des regards de la Reine ; la pitié entre pour un instant dans son cœur ; il considère le prince royal, et dit : *Otez le bonnet à cet enfant ; il a trop chaud.* Il s'adresse ensuite à la Reine : « Ne craignez rien, Madame ; je ne veux pas vous faire du mal ; je vous défendrai plutôt... »

Son front se rembrunit de nouveau, et il ajoute : « Mais songez qu'on vous abuse, et qu'il est dangereux de tromper le peuple... »

Ce n'est pas, lui répondit la Reine d'un ton imposant, et en le regardant fixement, *ce n'est pas d'après vous que je dois juger le peuple français.*

Bientôt Santerre donna l'ordre de la retraite. *Je suis maître de ma troupe,* s'écria-t-il. Mais il ne put empêcher les nouveaux dégâts qu'ils firent dans les appartemens.

La pièce où était le Roi était toujours remplie de monde; les mêmes cris s'y soutenaient. A six heures, on vit paraître Pétion, accompagné de Sergent, officier municipal. Pétion s'approcha du Roi et lui dit :

« Sire, je viens d'apprendre *dans l'instant,* la situation dans laquelle vous êtes ». — *Cela est bien étonnant,* lui répondit le Roi ; *car il y a deux heures que cela dure.*

La présence du maire ne put contenir les factieux. Un monstre, nommé *Soudin,* armé d'un fusil avec sa baïonnette s'avançait, de temps à autre, vers le Roi d'un air menaçant, et tenait les propos les plus affreux.

Un autre s'écriait à chaque instant :

« Sire! Sire! je vous demande au nom de cent mille âmes qui m'entourent, le rappel des ministres patriotes que vous avez renvoyés. Je demande la sanction des décrets sur les prêtres, et le camp de vingt mille hommes. L'exécution des lois, ou vous périrez ».

Le Roi répondit tranquillement :

Vous vous écartez de la loi. Adressez-vous aux magistrats du peuple.

Pétion n'imposa point silence au brigand. Il se borna à dire au Roi de n'avoir aucune crainte. Le Roi le regarda et répondit :

C'est à ceux qui n'ont pas le cœur pur à craindre la mort. « — Il n'aime pas la nation, » s'écria l'un des bandits. Le Roi ne dédaigna point encore de répondre :

La nation n'a pas de meilleur ami que moi.

Enfin, Pétion juge à propos de faire cesser cette scène impie. Il harangue le peuple, et termine son discours par ces mots :

« Citoyens, rentrez dans vos foyers *avec la même dignité que vous en êtes sortis. Vous vous êtes conduits sagement. Vous avez dé-*ployé le caractère et la majesté d'un peuple libre, et digne de l'être. C'est assez. Éloignez vous ».

La foule obéissante et soumise à son moteur, défile avec tranquillité.

Craignant d'être surpris par la nuit, le défilé pouvant être long, les défenseurs du Roi l'enga-

gèrent à tâcher de rentrer chez lui. Alors, la
Garde nationale, avec une députation de l'Assemblée, protégea son passage, et le reconduisit
jusque dans sa chambre. Quand il y fut rentré,
on avertit la Reine, qui vint aussitôt se jeter
dans ses bras, avec ses enfans.

Le lendemain, Pétion se rendit chez le Roi,
qui lui fit de vifs reproches sur cet événement,
en lui disant qu'il n'avait rien fait pour l'empêcher. Pétion se retranchait sur ce qu'il n'était
que maire, et que la municipalité était plus
forte que lui....

« Vous avouerez au moins, M. le maire,
reprit le Roi, que la journée d'hier a été un
grand scandale, et que la municipalité n'a pas
fait son devoir ».

On s'empressa, les jours suivans, de témoigner à la famille royale, l'intérêt que les bons
français avaient pris à leur situation. Le Roi
répondit à cette occasion :

« C'est uniquement pour la Reine et pour
ma sœur, que j'ai eu de l'inquiétude ; je ne craignais rien pour moi. J'ai bien vu qu'ils avaient
l'intention de m'assassiner, et je ne conçois pas
pourquoi ils ne l'ont point fait : mais je ne l'échap-
perai pas toujours ; ainsi, je n'en suis pas plus
heureux ; car un peu plus tôt, ou un peu plus

tard , c'est toujours la même chose. Il y a long-
temps que je m'attends à être assassiné ; je me
suis accoutumé à cette idée ».

Il y a dans ces réflexions, quelque chose qui
rappelle les tristes pressentimens qui affectaient
Henri IV, quelque temps avant sa mort.

JOURNÉE DU 10 AOUT 1792.

Je suis venu ici pour éviter un grand crime....
(Paroles de Louis XVI à l'Ass. N^{le}.)

LA journée criminellement hideuse du 20 juin eut un résultat bien différent de celui qu'en avaient espéré ceux qui l'avaient organisée. La fermeté majestueuse du Roi, la dignité imposante de la Reine, le courage silencieux et l'attitude ferme du petit nombre de Français qui se dévouèrent dans cette journée, et formèrent de leurs corps un rempart au monarque et à son auguste famille contre les armes régicides dirigées vers ces personnes sacrées, paralysèrent la multitude insurgée, étonnèrent les chefs, et réveillèrent l'amour des Français pour leur souverain.

On vit arriver, de tous les points de la France, des adresses dans lesquelles on vouait à l'exécration les auteurs et les agens de la journée du 20 de juin, et dans lesquelles on protestait de défendre le trône et la famille royale.

A Paris, tout homme bien pensant, qui savait quelque particularité sur cette journée, allait, de son propre mouvement, en faire la déclaration chez son juge de paix (1). Ces déclarations nommaient les auteurs du crime; on allait les poursuivre, les juger, les punir (2). Ils entrevirent leur perte, ils frémirent. Un crime nouveau, mais plus grand, pouvait seul les sauver; ils l'osèrent.

Les conjurés se rendirent d'abord chez Léonard Bourdon (3). Là on convint seulement

---

(1) *Voyez* la proclamation du Roi, et recueil de pièces relatives à l'arrêté du conseil du département, en date du 6 de juillet, *in-4.º*, Paris, de l'imprimerie royale.

(2) Le maire de Paris et le procureur de la commune, furent suspendus et renvoyés aux tribunaux, ainsi que quelques officiers municipaux, par arrêté du directoire du département, confirmé par un arrêt du conseil d'état, le 11 de juillet 1792, et les faits à la charge de Santerre et du lieutenant des canonniers du Val-de-Grace, furent dénoncés.

Le conseil du département était alors composé de MM. Larochefoucault, Anson, Dormesson, Vergennes, d'Ailly, Faucoupret, Gouniau, Gerdret, Gobel, Thouin, Desfaucherets, Charton, Trudon, Davous, Dumont, Andèle, Thion, Amoule, Garnier, Demautort, Levieillard, Juilien, Demeunier, Brière de Surgy.

(3) Depuis député à la convention. Il leva un pensionnat de jeunes garçons, et enleva, dans les magasins nationaux, tous les lits et meubles nécessaires à un pensionnat de 400 élèves. Cet homme est mort en

d'un lieu où l'on se réunirait. Le village de Charenton fut choisi : bientôt on vit arriver au rendez-vous *Barbaroux*, *Guadet*, Brissot, Chabot, Basire, Danton, Legendre, Westermann (1), et plusieurs autres des principaux conjurés. Les deux premiers ont eu l'impudence de déclarer, à la tribune de la convention, qu'ils étaient les auteurs de la journée du 10 août.

Renversons le trône, si nous ne voulons pas périr sur l'échafaud. Tel fut le cri des conspirateurs. Aussitôt on discuta les moyens à employer, les mesures à prendre. Santerre répondait des faubourgs, Barbaroux des Marseillais, Jourdan et Mouleux de cette horde qu'ils avaient amenée d'Avignon ; Pétion promit de retenir, sous différens prétextes, ce qu'il y avait d'impur dans les étrangers qui étaient venus à Paris pour la fédération, et de faire partir pour le camp de Soissons les fédérés qu'il n'avait pu corrompre. Telle fut la force avec laquelle les conjurés décidèrent d'attaquer le château des Tuileries. Westermann fut chargé de dresser le plan d'attaque et de se mettre à la tête des insurgés.

Allemagne, en 1811. Il était employé dans les hôpitaux de l'armée française.

(1) Tous sont morts de mort violente, excepté Legendre, qui est mort dans son lit.

La conspiration devait éclater le 29 de juillet; différentes causes la retardèrent. On trouva des oppositions dans le conseil général du département, et dans la municipalité de Paris; plusieurs membres de ces autorités refusèrent d'entrer dans le complot. D'un autre côté, les citoyens composant la garde nationale, et notamment les grenadiers, ne dissimulaient pas la résolution dans laquelle ils étaient de défendre le Roi. Enfin, les habitans des faubourgs Saint-Antoine et Saint-Marcel n'étaient pas suffisamment *électrisés* (expression du temps). Les conjurés furent forcés d'ajourner leur insurrection, afin d'avoir le temps de lever tous ces obstacles.

Santerre, Gouchon (1), surnommé *l'Orateur du faubourg Saint-Antoine*, Legendre, le Père Nicolas, *travaillèrent* les faubourgs; Pétion, Manuel, continrent la neutralité de quelques officiers de la garde nationale; des membres du département qui étaient dans le secret, effrayèrent leurs confrères, et prirent des mesures sans les prévenir. Enfin, on résolut de renforcer la municipalité de personnes affidées et choisies dans les quarante-huit sections.

Les conciliabules de Charenton n'avaient pas

____

(1) Il a été espion de police. Nous ignorons s'il vit encore.

été tellement secrets, que la cour ne fût informée et de ce rassemblement, et de l'insurrection que les conjurés avaient disposée contre le trône. On était également instruit de ce qui se passait soit dans les différens clubs, soit aux faubourgs. Les amis du Roi formèrent dès-lors deux plans : le premier était la fuite ; le second, une défense en cas d'attaque. Tout était prêt pour enlever de Paris la famille royale, secours disposés sur la route, lieu de retraite choisi, jour fixé pour le départ, lorsque tout-à-coup le Roi changea d'avis et dit :

J'ai des raisons pour croire qu'il y a moins de danger à rester qu'à fuir. Sécurité qui lui devint bien funeste !

Pour répandre l'alarme dans tous les esprits et les mouvoir par le levier de la crainte, on imagina de déclarer *la patrie en danger*. La suspension du maire de Paris avait été levée par un décret, à la suite de ces cris de rage qu'on entendait heurler dans tous les quartiers de la grande cité ; les factieux portaient écrit sur leurs chapeaux : *Pétion, ou la mort !* Ce maire fit cette proclamation avec le plus grand appareil. Toutes les autorités restèrent en permanence, et cette permanence fut, comme d'usage, la source d'une foule de désordres et de crimes.

Chaque jour, deux députations de chaque section se rendaient successivement à l'assemblée : l'une demandait la déchéance du monarque ; l'autre protestait contre la légalité de la pétition. Pour faire cesser ce conflit, on imagina d'en rédiger une au nom de toutes les sections, et ce fut Pétion qui se chargea d'apporter à la barre cette pétition, dans laquelle on demandait la déchéance. Elle fut couverte d'applaudissemens, et renvoyée à une commission composée de douze membres, auxquels les conjurés ne laissèrent pas le temps de faire leur rapport.

L'armée marseillaise, qui avait été logée à son arrivée dans les casernes de la Pépinière, à l'extrémité du faubourg Montmartre, fut transférée pendant la nuit aux casernes de la section des Cordeliers ; ce qui facilitait le projet d'investir et d'attaquer le château. Le faubourg Saint-Antoine à droite, le faubourg Saint-Marcel à gauche, l'un marchant par le Carrousel et attaquant en face, l'autre se portant par le Pont-Royal et attaquant par les pavillons des angles et le jardin ; l'armée du centre, composée de Marseillais, précédée du canon d'alarme : tels étaient les avantages des assiégeans.

Tandis que Westerman dressait le plan d'attaque, les conjurés s'efforçaient, par leurs discours et par leurs écrits, d'inspirer la terreur aux faibles, et de donner de la confiance et de l'énergie à la multitude. Ce fut dans cette vue que l'on entendit Brissot nommer la bande de Jourdan, *la Providence du Midi*; que Camille Desmoulins demanda *quelques mois d'anarchie* et le renouvellement de la loi *Valeria*, qui permettait de tuer tout homme soupçonné d'incivisme, sauf à prouver ensuite son accusation; que Santerre conduisit aux Champs-Elysées les Marseillais; qu'il engagea une querelle avec les gardes nationaux de Paris, qui laissèrent plusieurs des leurs morts sur la place; que Manuel mutilait, abattait, dans la cour de l'Hôtel-de-Ville, la statue de Louis XIV, qu'on y voyait depuis un siècle; opération qu'il appelait *la déchéance de Louis XIV*. Ce fut, enfin, pour atteindre leur but, que les conjurés établirent cette ligne de démarcation formée par un ruban tricolore, qui séparait la terrasse des Feuillans des Tuileries, et cela, dans l'intention de dépopulariser le Roi, en nommant le château *Coblentz*, et le jardin *le Camp des Autrichiens*.

Dès le 7, les préparatifs de l'attaque du château, pour le 10, étaient publiés. Depuis huit jours, les départemens étaient instruits de l'insurrection projetée. Le district du Petit-Saint-Antoine reçut ses derniers ordres le mardi 7 au soir. La municipalité fit distribuer trois cartou-

ches seulement pour chaque soldat; on pretend
que les distributeurs furent Panis et Sergent,
tous deux membres du conseil général de la
commune de Paris, et depuis députés à la convention nationale. Les Marseillais reçurent cent
cartouches chacun; on leur promit les portes de
l'Arsenal. Le tocsin fut ordonné, le canon d'a-
larme fut commandé pour minuit, et chacun
attendit à son poste l'heure du carnage.

Le maire et plusieurs officiers municipaux se
rendent au château, un peu avant minuit. Ils
sont introduits auprès du Roi. Pétion lui adresse
la parole, et dit:

« Dans ce moment de crise, dont je ne dois
pas dissimuler le danger, je me suis empressé
de venir en personne, pour veiller à la sûreté
du Roi et à la conservation de sa famille. »

Le Roi remercie le maire de la manière la
plus affectueuse, et ce dernier, quelques instans
après, se rend dans les cours et dans le jardin,
pour visiter les postes. Il se présente ensuite à la
barre de l'assemblée nationale; il déclare que le
tocsin doit sonner à minuit, et que les moyens
qu'il a employés sont insuffisans pour arrêter le
mouvement qui se prépare. — *On passe à l'ordre du jour.*

Tandis que le maire fait cette déclaration, on
pille l'Arsenal, et les assiégeans s'emparent de
deux

deux mille six cents fusils renfermés dans ce dépôt.

Minuit sonne : le tocsin se fait entendre. A ce signal convenu, quelques hommes se réunissent dans leurs sections, et nomment ceux qu'on leur désigne pour se rendre à la maison-commune, et aviser aux moyens *de sauver la chose publique.* Arrivés dans la salle du conseil général de la commune, les élus forment une nouvelle municipalité, et ne conservent de l'ancienne que Pétion, Manuel et Danton. Ils nomment pour président Huguenin, révolutionnaire du faubourg Saint-Antoine, qui, le 20 juin, avait été l'orateur et le chef de la députation des piques ; Tallien est nommé secrétaire. Ce comité central prend le nom de *commissaires de la majorité des sections réunies, avec pleins pouvoirs pour sauver la chose publique.* (1)

Le département devait rester assemblé toute

---

(1) Nous croyons que la curiosité publique nous saura d'autant plus de gré de lui présenter la liste de ces commissaires, que ce furent les plus dévoués d'entre eux que l'on choisît pour garder à vue le plus vertueux des Monarques et son auguste famille, pendant tout le temps que ces illustres infortunés furent renfermés dans la tour du Temple. On trouvera, à la suite de ce recueil, cette liste qui, à côté des noms les plus exécrés, en contient d'autres infiniment recommandables.

la nuit. M. Rœderer, procureur-général-syndic, offrit de la venir passer lui-même au château, si le Roi le croyait nécessaire. Le Roi en témoigna le désir, et ce magistrat se rendit auprès de lui.

Cependant en sortant de l'assemblée, le maire continuait de visiter les postes et de s'entretenir avec diverses personnes. Mouchet, officier municipal, parut avec un autre individu : il était alors deux heures. Quelles nouvelles? dit Pétion. — *J'arrive du faubourg*, dit Mouchet, *j'ai tout vu par moi-même; tout est paisible. J'ai harangué le peu de citoyens que j'ai rencontrés ; et loin d'avoir vu rien de sinistre, rien qui puisse inquiéter, je crois pouvoir assurer qu'on n'aura pas le plus léger mouvement.* Celui qui accompagne ce fourbe, lui donne le démenti le plus formel; « le tocsin a sonné ; le canon d'alarme a été tiré; le peuple est en mouvement; le rassemblement se forme; les propos sont menaçans, les projets sinistres, et les précautions pour la conservation du Roi doivent s'accroître avec la crainte que l'on manifeste de toutes parts ». Mouchet, suivant toute apparence, connaissait mal son acolyte.

Pétion est entouré d'un groupe de vingt gardes nationaux. Il reste assez long-temps assis sur les marches de l'escalier de la terrasse, avec Sergent qui l'accompagnait. Les grenadiers le tiennent, en quelque sorte, en ôtage, afin d'en obtenir des ordres qu'ils puissent exécuter sous sa responsabilité. L'assemblée nationale apprend l'embarras du maire, et l'en délivre par un décret.

La nouvelle municipalité apprend que M. Mandat, commandant de la garde nationale, avait dans sa poche un ordre de Pétion, de repousser la force par la force. Elle fait signifier à M. Mandat, l'ordre de se rendre à l'instant dans son sein. Le commandant répond que son poste est au château; qu'il y est nécessaire, indispensable; que cependant, il se rendra à la commune, aussitôt qu'il pourra déposer le commandement.

Un second ordre, arrivé sur les cinq heures du matin, détermine son départ; mais il semble pressentir son horrible destinée; il frémit, écume de rage, et se rend à la ville, avec un seul aide-de-camp. Là, il est accusé d'avoir projetté de faire couper *la colonne innocente et patriote du peuple*. On donne l'ordre de le conduire à l'Abbaye. Le président de la commune fait un geste horizontal fort expressif, en disant : *qu'on l'entraîne!*...

Il est massacré sur les marches de l'Hôtel-de-Ville; un coup de pistolet le renverse : des piques et des sabres l'achèvent. On le fouille, et l'ordre de Pétion est enlevé. Le cadavre est jetté dans la

Seine, malgré les cris de son malheureux fils, qui réclame inutilement le corps de son père, pour lui rendre les devoirs funèbres.

On délibérait, pour la forme, à l'assemblée nationale, sur l'abolition graduelle de la traite des nègres, quand M. De Joly, ministre de la justice, vint annoncer que l'unique moyen de préserver le Roi était d'envoyer auprès de lui quelques députés, et que le Roi le désirait même pour sa sûreté et pour celle de sa famille. L'assemblée passa à l'ordre du jour, motivé sur ce qu'elle n'était pas en nombre compétent pour délibérer.

A six heures du matin, l'armée des conjurés s'ébranle. La troupe du faubourg Saint-Antoine était d'environ quinze mille hommes, tandis que celle du faubourg Saint-Marcel ne fut évaluée qu'à cinq mille. Mais pendant la marche, il se joignit un si grand nombre de curieux et de filoux, qu'il fut impossible d'en calculer le nombre. Depuis l'Hôtel – de – Ville jusqu'aux Champs-Élysées, les quais et les rues étaient couverts des flots toujours croissans du peuple.

Le faubourg Saint-Antoine se divisa en deux colonnes. L'une prit par les quais, les guichets de la galerie du Louvre, et la rue Saint-Nicaise, du côté de la rivière ; l'autre colonne vint par la rue Saint-Honoré, et la rue Saint-Nicaise qui y aboutit. Ces deux colonnes entrèrent en même temps au Carrousel; mais il était huit heures avant qu'elles pussent s'y déployer.

La colonne du faubourg Saint-Marcel passa, partie sur le Pont-Neuf, partie sur le Pont-Royal. Ceux qui la composaient se présentèrent sous l'apparence de vouloir défendre le Roi. On les plaça sur la terrasse du bord de l'eau, et leurs canons dans les cours.

Le corps des Marseillais, à qui l'on avait dit de *ne pas s'attendre à n'avoir à faire qu'une simple promenade civique*, s'était divisé en plusieurs détachemens. Le moins nombreux, et qui arriva le premier, se porta au Carrousel, et se mit en bataille vis-à-vis la cour des Princes.

Un détachement plus considérable, descendant du Pont-Royal, voyant l'impossibilité d'entrer au Carrousel, remonta le quai, entra par le guichet de la rue Froidmanteau, où il rencontra le détachement qui venait du côté du faubourg Saint-Antoine. Les deux détachemens s'arrêtèrent en face l'un de l'autre; les deux commandans se parlèrent, et paraissaient indécis sur sur ce qu'ils devaient faire, lorsque Westermann arriva, et leur dit assez haut pour être entendu :

Nous sommes perdus pour toujours, si l'on ne saisit pas ce moment pour déjouer tous les complots de la cour.

Ce peu de mots décida les deux commandans; ils crièrent : *Vive la nation!* Ce cri fut répété par la troupe. Les deux détachemens se réunirent et entrèrent par le Crarousel; Westermann disposa toute la troupe en équerre, depuis les guichets jusqu'à la rue de l'Echelle. Ce déploiement, par lequel le Carrousel fut cerné, se fit avec beaucoup d'ordre.

Quelque temps après que l'armée assaillante fut rangée en bataille, on vit arriver au milieu une voiture chargée de poudre et de boulets, qui furent à l'instant distribués aux canonniers.

Ainsi le palais des Tuileries fut investi par une masse d'insurgés, qui s'étendait, du côté de la rivière, le long des quais, jusqu'à la place de Louis XV, ayant des bataillons placés sur la terrasse de l'eau, en-dedans du jardin des Tuileries; de l'autre, depuis la Place Royale, la rue Saint-Honoré et les rues adjacentes au château. Ces deux colonnes envoyaient faire des patrouilles sur la place de Louis XV et dans les Champs-Elysées. Le corps d'armée, qui devait attaquer, était le plus considérable, et s'étendait le long de la place du Carrousel, faisant face au château. C'était là qu'étaient les Marseillais; ils avaient des réserves derrière eux, dans les rues de Saint-Nicaise, de Chartres, des Orties, de Saint-Thomas-du-Louvre, etc.

Telle était la position des assiégeans à huit heures du matin. On distinguait à leur tête, outre le général **Westermann**, deux femmes, *Lacombe* et *Théraigne-Méricourt*, qui toutes deux furent blessées dans l'action.

Le régiment des Gardes-Suisses, composé originairement de 2200 hommes, se trouvait réduit à 1600 : on en avait fait partir, le 7, 300 pour Evreux; 100 étaient à Ruelle et à Courbevoie; 200 étaient habituellement répartis dans Paris comme ouvriers; il se trouvait des malades; et le nombre de ceux qui restaient sous les armes pour la défense du château, n'était que de 900 hommes, y compris 45 officiers.

Le jeudi 9, M. Mandat avait ordonné à seize bataillons choisis dans la garde nationale, de se tenir prêts à marcher; et dès six heures du soir, tous les postes du château étaient triplés.

La gendarmerie à pied de Paris, *intra muros*, était consignée dans ses quartiers, sauf les postes accoutumés. On avait placé à l'hôtel de Toulouse une réserve de 150 hommes, à l'effet de protéger au besoin la caisse de l'extraordinaire, la trésorerie et la caisse d'escompte.

La gendarmerie à pied, de Paris, *extra muros*, ne consistait qu'en 30 hommes, que l'on avait postés au petit escalier du Roi, cour des Princes.

La gendarmerie à cheval était a u nombre de

600 hommes, rangés en bataille dès onze heures du soir, sur la grande place du Louvre.

Un grand nombre de gentilshommes avaient résolu de défendre le Roi jusqu'à la mort; une foule d'officiers se joignit à eux : leur nombre était de 200. Ils étaient armés de pistolets et d'épées, et passèrent la nuit épars dans les appartemens.

Les ordres donnés à la gendarmerie à cheval, étaient de laisser passer sur le quai la colonne du peuple, de faire ensuite un *à droite* et un *à gauche*; de leur crier par derrière qu'ils étaient coupés; de leur faire regagner de force le faubourg; et, pour le faire sans tirer, l'ordre portait de laisser les guichets du Louvre libres.

On avait joint à cette disposition l'ordre au bataillon de Saint-Roch, qui était dans les cours du Palais-Royal, de venir sur le château, au premier signal, par la rue de Rohan, en battant la charge, pour engager le peuple à fuir par les guichets; les bataillons de la place Vendôme devaient venir également par la rue Saint-Honoré et le Petit-Carrousel, pour chasser la colonne du côté des mêmes guichets; un autre parti de cavalerie et deux pièces de canon fermaient le quai dés Tuileries.

Telles étaient les dispositions; rien ne fut exécuté.

Les détachemens de la garde nationale, requis par M. Mandat, arrivèrent toute la nuit. A six heures du matin, ils formaient, tant au château qu'au Pont-Tournant, 2400 hommes. Leur artillerie consistait en douze canons, savoir, trois dans la cour Royale, en face de la porte; un dans la cour des Suisses, un dans la cour Marsan, deux dans la cour des Princes, deux au Pont-Royal, un à la porte du Manége, et deux au Pont-Tournant.

A minuit, les Suisses occupèrent une espèce de corps-de-garde qui était à droite, en entrant, au pied du grand escalier de la cour des Princes; d'autres se tinrent sur les marches de cet escalier, jusqu'au premier étage; d'autres enfin s'assirent sur des bancs qui étaient sur le palier de l'escalier; c'était en cet endroit qu'était leur drapeau. Ils passèrent toute la nuit dans le plus grand silence.

Les officiers suisses déclarèrent qu'ils feraient comme la garde nationale, *ni plus ni moins*. Les Suisses étaient sous les ordres de M. Maillardor, lieutenant-colonel, commandant en l'absence de M. d'Affry, qui était malade.

Le Roi, la Reine et madame Elisabeth étaient restés dans la pièce appelée *le Cabinet du Conseil*. A cinq heures du matin on éveilla les enfans, et la Reine les fit venir près d'elle. A la porte de cette pièce se trouvaient une vingtaine de grenadiers, mêlés avec les gentilshommes. La Reine, s'adressant plus particulièrement aux grenadiers, leur dit:

« Messieurs, tout ce que vous avez de plus cher, vos femmes, vos enfans, vos propriétés, tout dépend aujourd'hui de notre existence. Notre intérêt est commun; vous ne devez pas avoir la moindre défiance de ces braves serviteurs, qui partageront vos dangers et vous défendront jusqu'à leur dernier soupir. »

Le chef de légion Belain représenta à la Reine que le rassemblement qui était dans les appartemens, inquiétait une grande partie de la garde nationale des cours et des postes du château; la Reine lui répondit:

« Rien ne pourra nous séparer de ces messieurs; ce sont nos amis les plus fidèles; ils partageront les dangers de la garde nationale; ils vous obéiront. Mettez-les à l'embouchure du canon, ils vous feront voir comment on meurt pour son Roi. »

A cinq heures et demie du matin, le Roi alla visiter tous les postes. Il avait veillé toute la nuit; ses cheveux étaient en désordre...; il avait l'air très-affecté, les yeux humides. Malheureusement il ne témoigna point assez de fermeté; il ne parla point en Roi. La Reine, ses enfans, et quelques dames de la cour l'accompagnèrent dans cette première visite.

A six heures, il descendit dans les cours, ayant auprès de lui MM. de Boissieu et Menou, maréchaux-de-camp; Maillardor et Bachmann, officiers suisses; Lajeard, ancien ministre de la guerre; Saint-Croix, Iriges, et le prince de Poix, qui vint l'y joindre. On battit aux champs; les cris de *vive le Roi!* se firent entendre dans les cours; la garde nationale les répéta : les canonniers et le bataillon de la Croix-Rouge crièrent constamment *vive la nation!* Ce ne fut pas le seul désagrément que ce prince éprouva : il fut insulté, et faillit être assassiné en revenant de faire la revue du Pont-Tournant. Il était alors sept heures et demie.

Des patrouilles avaient arrêté dans la nuit vingt-deux individus armés, aux Tuileries et aux Champs-Elysées; ils formaient ce qu'on appelait une *fausse patrouille;* ils furent conduits à la section des Feuillans; onze d'entre eux trouvèrent le moyen de s'évader. Le peuple s'amassa dans la cour des Feuillans. Un commissaire de la municipalité, redoutant cette effervescence, chercha à calmer la multitude, en lui promettant que les coupables seraient punis. *Théroigne de Méricourt,* habillée en amazone, le sabre en bandoulière, monta au

comite pour demander qu'on livrât les prisonniers au peuple. Le peuple entra. La première
victime fut l'abbé *Bouyon;* il fut entraîné dans
la cour, et mis en pièces; un garde-du-corps,
nommé *Solminiac,* et après lui un inconnu,
éprouvèrent le même sort. *Suleau* était au
nombre des détenus; Théroigne le demande
sous le nom de *l'abbé Suleau :* une femme l'in-
dique; le peuple l'investit; Théroigne lui saute
au collet, et aide à l'entraîner. Suleau se débat
comme un lion; il parvient, dans la mêlée, à
s'emparer d'un sabre : il frappe, il se fait jour;
il allait percer Théroigne : on le saisit; il est mis
hors d'état de défense, entraîné dans la cour et
taillé en pièces. Un ancien garde-du-corps,
nommé Vigier, se défend pendant quinze minutes contre ses bourreaux; mais enfin il suc-
combe, et quatre nouvelles victimes le suivent.
Les cadavres sont portés sur la place Vendôme;
leurs têtes sont portées sur des piques. Deux
prisonniers parviennent à s'échapper.

Un peu avant huit heures, un officier municipal entre dans la chambre du conseil, où le Roi
était de retour avec sa famille. Le garde-des-
sceaux, de Joly, lui demande :—*Hé bien! que
veulent-ils ? — La déchéance. — En ce cas,* répond brusquement M. de Joly, *que l'assemblée
la prononce donc!* La Reine s'adresse au muni-

cipal... *Que deviendra le Roi ?* Le municipal s'incline et se tait. Alors on voit paraître M. Rœderer, à la tête du département. *Personne*, dit ce dernier, *ne doit intervenir entre le Roi et le département.* Il s'aperçoit qu'on se dispose à l'écouter.... Il déclare qu'il a à parler au Roi et à la Reine seuls. — C'est alors qu'il annonce au monarque que le danger est à son comble, et qu'il lui donne le conseil de se réfugier, avec sa famille, dans le sein de l'assemblée nationale. La Reine déclare qu'elle préfère de se faire clouer aux murs du château, plutôt que d'en sortir. — *Vous voulez donc, madame, lui dit-il, vous rendre coupable de la mort du Roi, de votre fils, de Madame, de vous-même, et de toutes les personnes qui sont ici pour vous défendre?...* A ces mots, ils s'écrièrent unanimement : *Ah! puissions-nous être les seuls victimes !*

Le Roi se détermine. « Allons, dit-il, marchons ! Donnons, puisqu'il le faut encore, cette dernière marque de dévouement ».

Oh! pourquoi la donna-t-il? Il eût bien mieux valu qu'il eût déployé plus d'énergie.

La Reine fut entraînée, presque malgré elle. Son premier mouvement fut pour le Roi ; le second pour ses enfans. *M. Rœderer*, s'écria-t-elle, *vous répondez de la personne du Roi!*

vous répondez de celle de mon fils ! — « Madame, nous répondons de mourir à vos côtés ; voilà tout ce que nous pouvons garantir ».

Des dispositions militaires furent faites à l'instant pour protéger la marche de la famille royale, depuis le château jusqu'à l'assemblée nationale. Les membres du département formèrent un cercle au milieu duquel se placèrent le Roi, la Reine, la famille royale, et madame de Tourzel, gouvernante des enfans de France. Le Roi, la Reine défendent qu'on les suive. Ils traversent des salles. On les entoure en frémissant. *Vous ferez tuer le Roi !* s'écrie M. Rœderer. *Restez !* leur dit le monarque. *Nous reviendrons bientôt,* ajoute la Reine, pour les rassurer. Le cortège descend le grand escalier, et traverse le jardin sans éprouver aucun obstacle. Une députation de douze membres s'avance au-devant du Roi, et protège sa marche jusqu'au pied de la terrasse. Aussi-tôt mille cris s'élèvent : *Vive la nation !* — *Point de veto !* — *Point de femmes ! nous ne voulons que le Roi.* — *Le Roi seul.*

Le procureur général harangue le peuple, et le calme. Le Roi est introduit ; le cortège le suit. La Reine et sa famille se placent sur les siéges destinés aux ministres. Le Roi prend sa place à côté du président. Les ministres se rangent au-dessus et à la gauche de Sa Majesté.

Plusieurs militaires de l'escorte du Roi s'étaient précipités pour le suivre; ils présentent leurs baïonnettes; ils veulent forcer le passage : des membres de l'assemblée les arrêtent, et leur ordonnent de respecter le temple de la liberté; la force armée se retire.

Quelques gentilshommes étaient entrés l'épée à la main avec le Roi jusque dans la salle du corps législatif; la moitié des députés effrayés, se précipite vers l'autre porte de la salle. D'autres députés font observer à ces braves, qu'ils compromettent la sûreté du Roi; et sur cette observation, ils se retirent.

Le calme renaît, et le Roi prend la parole :

Je suis venu ici, pour éviter un grand crime qui allait se commettre, et je pense que je ne saurais être plus en sûreté qu'au milieu de vous, messieurs.

« Vous pouvez, Sire (répond Vergniaux), compter sur la fermeté de l'assemblée nationale. Ses membres ont juré de mourir, en soutenant les droits du peuple et les autorités constituées ».

D'après les observations de quelques membres, que la constitution interdisait au corps législatif toute délibération en présence du Roi, l'assemblée décida que la famille royale se rendrait dans la loge du logotachygraphe; ce qu'elle fit.

Le départ du Roi avait fait le plus mauvais

effet sur la garde nationale; il avait totalement découragé ses plus ardens défenseurs. « *Nous sommes trahis* (disaient les premiers)*! D'un* côté, des Suisses ; de l'autre, des gens du Roi : *nous sommes entre deux feux* ». — « Nous nous étions dévoués pour sauver les jours du Roi (disaient les autres) ». Le Roi nous abandonne. *Que nous reste-t-il à défendre ? des murailles ?...* Bientôt le désordre et la confusion régnèrent dans le château. Tous abandonnèrent les postes qui leur étaient confiés, et la plupart cherchèrent leur salut dans la fuite. Aussi, dès ce moment, on peut réduire la défense du château à sept cents Suisses, répartis dans plus de vingt postes différens, à deux cents gentils-hommes à-peu-près, à une centaine de domestiques, et à trente gardes nationaux ; au total mille hommes, sans chefs, sans ordres, sans munitions; et les assaillans étaient au nombre de cent mille, avec trente canons, le corps municipal et le corps législatif à leurs ordres, un arsenal à leur disposition, et le Roi en leur puissance.

Le plus profond silence régnait dans les cours du château. L'affluence était si grande sur le Carrousel, et dans les rues adjacentes, qu'il n'était plus possible de circuler. Les chefs de cette troupe séditieuse se présentèrent, sur les

neuf

neuf heures, à la porte royale. Ils frappèrent à coups redoublés, en ordonnant d'ouvrir, si l'on ne voulait pas que la porte fût enfoncée à coups de canon. Le Suisse qui en était le gardien, et qui craignait pour les jours de son Roi (1), ne répondit point, n'ouvrit point, et resta tranquillement à son poste. A côté de cette porte, il s'en trouvait une plus petite, qui servait d'entrée aux personnes de service au château, et qui constamment était ouverte. Elle était alors fermée; mais elle opposait moins de résistance aux factieux, qui la brisèrent à coups de hache. Quelques-uns pénètrent dans la cour par cette ouverture trop étroite, pour que tous puissent s'y précipiter à-la-fois. Ils somment l'honnête Bron de leur livrer les clefs de la grande porte. Il refuse. On insiste; il répond : *Je ne les ai pas.* Il sait qu'il s'expose à une mort certaine; mais il préfère la mort à la honte de violer ses devoirs. Les cris, les hurlemens, les vociférations continuent au-dehors... *Ouvre! ouvre la porte!* On travaille, en même temps, à l'enfoncer; on y parvint : la porte s'ouvre, et laisse l'entrée libre à cette foule immense, dont la plus grande partie n'attendait que le moment du pillage.

Le chef des Marseillais s'élance en avant, le

______

(1) Ce suisse se nommait *Bron.*

pistolet à la main. Il fait ranger sa troupe tout autour de la cour, en deux équerres, vis-à-vis le château. Les canonniers retirent les six canons qui sont sur les côtés de la cour, et les placent en face du château. Le peuple, enhardi par cette démarche, crie, avec des imprécations horribles :

A bas les Suisses ! rendez les armes ! il faut que les Suisses mettent bas les armes.

Mais tout se borna d'abord à des cris. La bonne contenance des Suisses, rangés en bataille devant le pavillon, et de ceux qui se trouvent sous le vestibule, en impose aux assaillans. A mesure que le groupe avançait dans la cour, si la sentinelle venait à paraître, la frayeur le faisait aussitôt reculer. Cette scène ridicule durait depuis quinze minutes, lorsqu'une douzaine d'individus, ayant un officier municipal à leur tête, s'avança, se saisit du premier factionnaire, et successivement de quatre autres, en les accrochant avec le fer recourbé des piques. Ces cinq malheureux furent égorgés, sans que leurs camarades, qui n'étaient pas commandés, osassent faire feu. Enfin, un officier suisse (M. Castelberg) ordonna de repousser la force par la force, et la première décharge renversa un de ceux qui avaient égorgé les cinq Suisses.

La foudre ne produit pas un effet plus prompt

que la frayeur qu'occasionna ce premier coup
de fusil : ces Marseillais, ces Bretons, ces égor-
geurs d'Avignon, ces insurgés de Paris, si intré-
pides loin du danger, sont tout-à-coup saisis
d'une frayeur mortelle; les assassins sont toujours lâches : tous cherchent leur salut dans la
fuite; ils abandonnent les deux pièces de canon
qu'ils avaient traînées dans la cour Royale, au
pied du grand escalier, et courent à toutes jambes vers les portes du Carrousel; les cours restent jonchées de fusils, de piques et des bonnets
de grenadiers des fuyards. Cent vingt - deux
Suisses, commandés par le capitaine Turler,
garnissent la cour Royale; soixante d'entre eux
forment un bataillon carré à la porte qui donne
sur le Carrousel, et font un feu roulant sur les
factieux, qui abandonnent le Carrousel en un
clin - d'œil; cette colonne formidable n'existe
plus; cent vingt hommes ont tout dissipé : les
rues Saint-Nicaise, de Chartres, de Rohan, et
les guichets du Louvre, se trouvaient trop étroits
pour recevoir la foule qui était en pleine dé-
route. Les canons, les caissons se trouvèrent en
un instant au pouvoir des Suisses; le nombre
en était si considérable, qu'ils ne purent les emmener. Cette tourbe indisciplinée, qui de tous
côtés avait pris la fuite, n'osait plus revenir pour
reprendre ses positions, tant elle craignait en-

4 *

core d'être poursuivie. Plus de vingt pièces de
canon restèrent près d'une heure à la disposition
du premier qui aurait voulu s'en emparer ; les
caissons attelés qui se trouvaient dans la rue
Saint-Nicaise, étaient les uns sur les autres ; il
n'y avait plus d'ordre ; c'était une confusion
horrible. Les bataillons marseillais se rallièrent
dans la rue de Rohan. Ces hommes qui, un
instant auparavant, montraient tant de jactance,
criaient *à la trahison*, et tremblaient de tous
leurs membres. Plusieurs des canonniers qui
avaient abandonné leurs pièces, et qui savaient
à peine manœuvrer, furent à moitié rôtis par le
feu qui prit à leurs vêtemens. Cette masse avait
cru en imposer. Ceux qui la composaient n'a-
vaient pas imaginé qu'on osât leur résister ; ils
avaient l'expérience du 20 juin, et croyaient
qu'ils n'avaient qu'à se montrer. Cruels et dé-
terminés quand il ne s'agissait que d'égorger des
hommes sans défense, un simulacre seul d'op-
position à leurs projets sanguinaires les glaçait
de terreur. On peut assurer que si les Suisses
eussent voulu profiter de leurs avantages, ils se
seraient rendus maîtres de tous les canons, de
tous les caissons, et que, de proche en proche,
balayant partout ces lâches agresseurs, ils les
eussent fait reculer jusque dans les faubourgs.
Eh ! qu'eût-ce donc été, si la présence du chef

dans son palais eût animé leur courage? si la garde nationale fût restée à son poste? si...

Mais, en se retirant vers le château, après avoir épuisé presque toutes ses munitions, ce faible détachement de braves apprend que le Roi s'est réfugié dans le sein de l'assemblée. Plus de chef! plus de commandans! Cette poignée d'hommes dévoués à la mort, se voit livrée à la rage des assassins. Le désespoir s'empare de ces fidèles serviteurs : ils rentrent dans les Tuileries; les uns se dirigent du côté de la terrasse des Feuillans; les autres se cachent pour se soustraire à la rage des barbares; tous cherchent à éviter la mort, et partout la mort vient les frapper. Les cours, le Carrousel même, restent pendant quelques instans déserts et silencieux.

Les insurgés, ne voyant plus d'ennemis et n'entendant plus aucun bruit, se hasardèrent de reparaître sur le Carrousel, mais avec précaution. Ils s'aperçurent alors qu'ils étaient les maîtres du champ de bataille, et ils reprirent leurs canons, dont les Suisses avaient négligé de s'emparer; leur courage n'alla pas jusqu'à tenter d'abord de pénétrer au château; ils craignaient qu'on ne leur eût tendu un piége. Ils se bornèrent à tirer quelques coups de canon sur le château, mais la plupart des boulets ne portaient que sur le comble des toits. Aux premiers coups qui se font entendre, la consternation s'empare de l'assemblée ; le président se couvre, en signe du danger où se trouve la chose publique ; toute délibération cesse, et le silence de l'assemblée n'est interrompu, pendant quinze minutes, que par les cris et l'agitation du peuple à l'extérieur. Le Roi donna des ordres pour que l'on fît sortir les Suisses du château, et qu'on leur dît de se rendre à l'assemblée.

Le peuple s'était replié, et était rentré au jardin par les portes du Manége et du Pont-Royal ; il voulait aussi entrer par les cours, mais il fut repoussé par les coups de fusil qui partaient des fenêtres. Quand les Suisses qui restaient au château se virent attaqués par le jardin, le tumulte et la confusion régnèrent parmi eux ; on ne pouvait ni donner, ni recevoir d'ordres ; la plupart des postes se replièrent sur le grand escalier ; ils s'y groupèrent au nombre d'environ quatre-vingts hommes. Le feu y dura vingt minutes : les deux premières décharges furent un feu de file, le reste un feu de bilbaude ; tous furent tués. Les insurgés perdirent beaucoup de monde sous le péristyle. Ils montèrent alors avec précipitation dans l'intérieur du château, et tous les Suisses qui étaient dans les appartemens de cette partie, furent massacrés. Ils

perdirent la tête : très-peu se défendirent ; beaucoup, demandant grâce à genoux, furent jetés
par les fenêtres. Ces malheureux, le désespoir
dans l'âme et l'écume à la bouche, cherchaient
à se sauver par toutes les issues ; les corridors,
les caves, les combles, les écuries, les greniers,
leur servaient momentanément d'asile ; on les y
découvrait, et ils périssaient à l'instant. On en
massacra dix-sept dans la sacristie de la chapelle ; quatre-vingts furent tués, en se sauvant,
dans la rue de l'Echelle ; plusieurs perdirent la
vie dans le jardin même des Tuileries, au Pont-
Tournant, aux Champs - Elysées, au Garde-
Meuble et dans la rue Royale. Partout ils
étaient poursuivis et massacrés (1). Sept cent
cinquante périrent dans cette affreuse matinée.
Cent quatre-vingts, à peu près, furent sauvés ;
ils se rendirent à l'assemblée, où ils furent dé-
sarmés, conformément aux ordres du Roi.

Dès que les insurgés furent maîtres du château, leur vengeance s'exerça indistinctement
sur tous les individus qu'il renfermait : les huissiers de la chambre, les garçons, les Suisses des
portes, les hommes de peine furent tous impi-

______

(1) On peut, pour tous les détails, consulter le *procès des Bourbons.* Ils y sont relatés avec beaucoup d'é-
tendue et d'exactitude.

toyablement massacrés. Les scélérats se livrèrent au pillage : les meubles furent brisés; pas un secrétaire ne fut épargné; ils furent tous défoncés par derrière, et ce qu'ils contenaient disparut. Un seul fut respecté : c'était un grand secrétaire à cylindre, à l'usage du Roi; il ouvrait à secret, mais il était impossible à quiconque ne connaissait pas ce secret, de parvenir à l'ouvrir; on retrouvait, à l'ouverture, tous les papiers, tous les tiroirs, souvent à moitié fermés, tels qu'on les avait laissés en le fermant. Ce meuble précieux, que le peuple avait respecté, et dont l'artiste, qui vivait encore, pouvait donner le secret, fut forcé, brisé, par ceux mêmes qui auraient pu contenir, pendant quelques heures, la curiosité qu'ils avaient de s'assurer des papiers que ce meuble renfermait.

La justice exige que nous déclarions que les pillards furent punis par le peuple lui-même, sur le lieu du délit. Cette punition n'était pas légale, il est vrai; mais qui ne foula pas aux pieds la loi, dans cette monstrueuse journée?.. Ceux qui se permirent le moindre vol au château, et qui furent vus nantis de ce vol ou pris en flagrant-délit, furent frappés de mort; ce qui n'empêcha pas que le pillage ne fût immense. Quelques petites chambres particulières échappèrent seules aux perquisiteurs, et des montres furent retrouvées accrochées à la cheminée. Il est impossible de se faire une idée du spectacle qu'offrait encore le château un mois après l'événement. Divers objets se trouvaient transportés d'une extrémité à l'autre, parce que ceux qui, d'abord, s'en étaient emparés en parcourant les appartemens, les avaient abandonnés, soit de force en recevant la mort, soit par crainte de la recevoir, soit pour s'emparer d'un autre objet qui flattait davantage leur cupidité. Soixante ou quatre-vingts habits de perruquiers, autant de vieilles paires de souliers ferrés, étaient épars dans les appartemens; le parquet de celui de la Reine était jonché d'une litière effroyable de débris foulés aux pieds. Les glaces avaient été brisées, broyées, pulvérisées. Cette poussière de glace était confondue avec du café en grain, des poignées de cheveux, des tablettes de chocolat brisées, des assignats, des billets de caisse, de l'argent, le tout pétri, amalgamé avec de la boue, du sang....

Louis XVI eut la douleur de voir paraître successivement à l'assemblée plusieurs députations, qui venaient demander sa déchéance. La première fut celle des Thermes-de-Julien. Les noms de ces pétitionnaires, consignés dans le procès - verbal, seront un monument curieux pour l'histoire : des ouvriers, des manœuvres, des gagne-deniers, des écoliers, voilà la représentation d'une section de Paris.

A cette députation il en succéda bientôt une autre, de la commune que les séditieux venaient de créer. Ces députés furent Huguenin, Léonard-Bourdon, Tronchon, Deriem, Vigaud, Bulliers : ils annoncèrent que Santerre était à la tête de la force armée ; mais le rôle de ce commandant fut absolument nul dans cette journée.

D'autres députations succédèrent ; toutes obtinrent *les honneurs de la séance.*

A chaque instant on apportait à l'assemblée des objets d'or ou d'argent trouvés au château : l'un fit la remise de 173 louis en or, l'autre d'une croix de Saint-Louis ; un troisième apporta la montre d'un Suisse ; un quatrième, un rouleau d'assignats ; d'autres, enfin, des sacs d'écus, des bijoux, des diamans ; une cassette appartenant à la Reine, contenant 1500 louis. Vingt-cinq hommes vinrent déposer une malle pleine de la vaisselle du Roi. L'assemblée ordonna que tous ces objets, ainsi que tout ce qui serait pris postérieurement au château, serait remis à la municipalité, *pour en disposer selon les lois* (1).

---

(1) On retrouva six semaines après, dans l'embrâsure d'une croisée, entre deux tabourets renversés l'un

Un pétitionnaire vient apprendre à l'assemblée que M. d'Affry, colonel-général des Suisses, est en prison *pour sa sûreté.*

Un autre se présente tout dégouttant de sueur; c'est un canonnier de la garde nationale. Les plus horribles blasphêmes sortent de sa bouche. Il montre à l'assemblée son bras nu et tout sanglant; il l'offre *pour arracher la vie au Roi, s'il est nécessaire...* Et le Roi n'était qu'à quinze pas de ce monstre féroce! Il écoutait en silence; il resta parfaitement calme; mais qu'on se peigne l'état où se trouvait la Reine!...

L'assemblée, dans cette séance terrible, fut présidée tour-à-tour par Vergniaud, Guadet, Gensonné et Muraire. Ce fut Vergniaud qui, au nom de la commission extraordinaire, proposa le décret suivant, que l'assemblée eut la barbarie de rendre en présence du Roi:

« Le peuple français est invité à former une convention nationale... — Le chef du pouvoir exécutif est provisoirement suspendu de ses

---

sur l'autre, une paire de boucles d'oreilles de la Reine, qui, sans doute, y avait été furtivement déposée par quelqu'un qui fut surpris, et qui craignit d'être trouvé saisi de ces bijoux. Mais ce vol avait, à coup sûr, été tenté postérieurement à la journée du 10. Ces boucles d'oreilles furent déposées à la caisse de l'extraordinaire.

fonctions... Sa famille et lui restent en ôtages. —
Le ministère actuel n'a pas la confiance de la
nation, et l'assemblée va procéder à le remplacer. — La liste civile cesse d'avoir lieu. »

Plusieurs décrets sont rendus par suite. Le
Roi, appuyé sur le bord de la loge, voit tout,
écoute tout avec calme et dignité; il entend de
sang-froid le rapport sur la déchéance et le
décret qui la prononce.

Raphaël Carl, colonel de la gendarmerie,
était dans la loge du Roi. Sur les trois heures du
soir, un grand bruit se fait entendre dans le passage des Feuillans : Carl sort pour s'informer de
ce qui se passe; à peine est-il sorti, que le tumulte redouble.... On apprend que Carl n'est
plus (1)!...

Les ministres se retirent à six heures. Le Roi
et la famille royale restent dans la loge jusqu'à

---

(1) Beaucoup de particuliers furent partiellement
égorgés dans cette journée funeste. De ce nombre furent
le vicomte de Boveau, ex-constituant, septuagénaire,
massacré devant Saint-Roch, et M. de Clermont-Ton-
nerre. Ce dernier avait été entraîné à la section et déclaré innocent. Un cuisinier, qu'il avait chassé, excita
le peuple contre lui. Il reçut un coup de faulx sur la
tête, et eut la force de monter jusqu'au quatrième
étage d'une maison rue de Vaugirard : il en sortit sans
vie.

une heure du matin, n'ayant pris, pendant ces seize heures, que quelques fruits et de l'eau de groseille. On avait préparé quatre petites chambres, qui formaient le logement de l'architecte des Feuillans. Dans la première, qui servait d'antichambre, veillèrent cinq gentilshommes, qui ne voulurent point abandonner le Roi, savoir, le prince de Poix, le duc de Choiseul, MM. de Briges, de Goguelat et Aubier. Le Roi coucha dans la seconde; la Reine, dans la troisième, ayant ses enfans auprès d'elle; madame Élisabeth, mesdames de Lamballe et de Tourzel, occupèrent la quatrième, et couchèrent sur des matelas étendus à terre.

Le tumulte, le pillage, le massacre continuèrent au château et aux environs, pendant la journée entière et la nuit suivante. A l'hôtel de Brionne, tous les lits qu'on avait préparés pour les Suisses, furent brûlés sur la place du Petit-Carrousel; l'hôtel fut pillé; les deux écuries que l'on avait bâties pour le service de la garde à cheval, furent également réduites en cendres; il en fut de même des bâtimens des cours.

Ce ne furent pas les seuls *auto-da-fé* qui eurent lieu dans cette nuit horrible. Après avoir conduit au cimetière de la Madeleine des malheureux tués dans le combat; après en avoir enterré d'autres dans une large fosse qu'on creusa dans une des cours des Tuileries, et que l'on entoura d'une barrière, au centre de laquelle était un arbre de la liberté, on réunit des corps que l'on trouva épars et sans vie, on les entassa en les entremêlant de morceaux de bois et de planches auxquels on mit le feu.

Le Roi et la famille royale passèrent encore les journées du samedi et du dimanche, dans la loge du logotachygraphe, et y furent exposés à de nouvelles humiliations. Ils entendirent demander à grands cris, les têtes des Suisses qui étaient prisonniers au corps-de-garde des Feuillans. Les menaces, les vociférations de cette horde barbare étaient telles, qu'elles arrachèrent à Vergniaud cette exclamation : *Grand Dieu ! quels cannibales !*

Les cinq fidèles serviteurs qui n'avaient pas voulu abandonner le Roi, furent enfin obligés de s'en séparer; il fallut céder à la force. « Ce n'est que de ce moment, messieurs (leur dit la Reine); que nous commençons à sentir toute l'horreur de notre situation. Vous l'aviez adoucie par vos soins et votre dévouement; ils nous avaient empêché de nous en apercevoir jusqu'à présent ».

La famille royale était venue à l'assemblée, sans argent et sans linge. Les cinq serviteurs le savaient, et chacun déposa sur une table tout ce qu'il possédait. La Reine s'en étant aperçue; leur dit :

Messieurs, gardez vos porte-feuilles; vous en avez plus besoin que nous. Vous avez, j'espère, plus long-temps à vivre.

Dans ce moment, la garde monte pour exécuter l'ordre portant que les cinq individus seraient arrêtés: ils se sauvent par un escalier dérobé, et se séparent pour ne pas être reconnus. M. de Rohan-Chabot, ne fut point aussi heureux. Il avait passé la nuit précédente, en garde national, auprès du Roi. Il fut soupçonné, arrêté, jeté dans les prisons de l'Abbaye, où il fut massacré dans les horribles journées de septembre.

Le lundi matin, 13 août, la famille royale partit des Feuillans pour le Temple, divisée en deux voitures. La route dura deux heures. Pétion et Manuel accompagnaient les prisonniers, et ils jouirent du plaisir de la vengeance. Ils dirigèrent leur marche, par la place Vendôme et les boulevards, et passèrent au milieu d'une populace qui fit essuyer à l'infortuné monarque, et à sa famille, mille affronts nouveaux.

LE TEMPLE.

LE TEMPLE.

LE Temple ne subsiste plus. Un coup-d'œil rapide sur son origine, un aperçu des événemens qui eurent lieu dans cet enclos, devenu malheureusement si célèbre de nos jours, ne sera pas sans quelque intérêt.

Le Temple dut son nom aux religieux Templiers, qui en furent en possession pendant cent soixante ans à-peu-près. Les Templiers eux-mêmes étaient ainsi nommés, parce que Baudouin II, roi de Jérusalem, leur avait accordé un asile près du temple de Salomon.

Divers pontifes se plurent à combler de biens et d'honneurs l'ordre des Templiers, ainsi que celui des Chevaliers de Saint-Jean de Jérusalem, connus depuis sous le nom de Chevaliers de Malte. Ces deux ordres devinrent si puissans et si riches, qu'ils purent entretenir une milice à leur solde. Ils firent l'acquisition de diverses propriétés en France, en Allemagne, et dans plusieurs autres états de l'Europe. Ces propriétés étaient régies par des chevaliers de l'ordre, auxquels on en confiait l'administration. Telle est l'origine des *Commanderies*, et celle du titre de *Commandeur*.

Les différentes maisons de l'ordre prirent le nom du chef-lieu : *Maison du Temple*.

L'étendue du terrain que les Templiers possédaient à Paris, ou du moins aux environs (car cet enclos se trouvait alors très-éloigné de la ville), cette étendue, dis-je, était telle que Mathieu de Paris, historien contemporain, la compare à une ville. Elle se nommait *la Culture du Temple*, et s'étendait au nord jusqu'au bas de la montagne de Belleville, où les chevaliers avaient quelques maisons de plaisance, qu'alors on nommait *courtilles*. Le nom en est resté à ce lieu où le peuple va le dimanche se délasser des travaux de la semaine.

On ignore à quelle époque précise l'enclos et ses dépendances devinrent la propriété des chevaliers du Temple. On présume néanmoins que ce fut en 1128. Cette maison devint la principale de l'ordre à Paris : le grand-maître Jacques de Molay y déposa les trésors qu'il avait rapportés de la Terre-Sainte.

Le vaste terrain que le Temple occupait, était enfermé de hautes murailles garnies de crénaux, et soutenues de tours d'espace en espace, comme une ancienne citadelle.

L'église était d'une architecture gothique et

grossière. Elle avait été élevée, dit-on, sur le modèle de celle de Saint-Jean de Jérusalem. C'était dans cette église que se faisait la réception des chevaliers de Malte.

Indépendamment des cinq grosses tours qui s'élevaient au milieu de l'enclos, et qui étaient aperçues de tous les points élevés de la capitale et de ses environs, le Temple renfermait un nombre considérable d'hôtels et de maisons. Le palais du grand-prieuré ne fut construit qu'en 1667.

On connaît la proscription des Templiers. On sait qu'ils furent accusés de vices crapuleux, de crimes inouis, improbables, et qui font horreur : le moindre sans doute était celui de se livrer avec excès aux plaisirs de la table, d'où naquit l'expression : *boire comme un templier.* Leur procès, leur supplice, n'entrent point dans notre plan (1) : nous nous bornerons à rappeler que tous les Templiers qui se trouvaient en France furent arrêtés le même jour, 13 d'octobre 1307 ; que beaucoup d'entre eux, parmi

______

(1) *Voyez* leur procès, dans le tome 15 des *Annales du Crime et de l'Innocence*, ou choix de Causes célèbres, anciennes et modernes, réduites aux faits historiques. Cet ouvrage, vraiment curieux, est complet en 20 volumes *in-12.*

5 *

lesquels on distingue le grand-maître Jacques de Molay, périrent par le supplice du feu, et que l'ordre fut entièrement aboli le 22 mars 1312.

On présume, assez généralement, que la véritable origine du malheur des Templiers, fut leur opulence, et qu'on ne les supposa coupables que pour s'emparer de leurs biens. *Il y eut dans ce procès*, dit naïvement Pasquier, *quelque chose de l'homme.*

Le concile de Vienne, après la suppression de l'ordre des Templiers, disposa de leurs biens en faveur des chevaliers hospitaliers de Saint-Jean de Jérusalem, qui devinrent alors propriétaires du Temple, et le choisirent pour leur maison provinciale du grand - prieuré de France.

Un arrêt du parlement, rendu à la fin de mars 1312, ordonna que l'ordre en serait mis en possession, *sauf le droit du roi.* Philippe-le-Bel exigea deux cent mille francs pour les frais du procès, somme considérable pour ce temps-là. Louis-Hutin, successeur de ce prince, en demanda soixante mille de plus, pour l'acquit desquels l'ordre de Saint-Jean abandonna le mobilier des Templiers.

Cet édifice, remarquable par sa solidité fut

élevé, dit-on, par les soins de frère Hubert, trésorier du Temple, qui mourut en 1212. Il était composé d'une tour carrée, flanquée de quatre autres tours rondes. Il était accompagné, du côté du nord, d'un massif d'une plus petite dimension, surmonté de deux autres tourelles beaucoup plus basses. Sa hauteur était au moins de cent cinquante pieds, non compris le comble. Les murs de la grosse tour avaient, dans leur moyenne proportion, neuf pieds d'épaisseur. On avait, dans l'origine, partiqué plusieurs souterrains qui, depuis, furent comblés. L'un de ces souterrains conduisait, dit-on, à la Bastille, et de-là à Vincennes.

Ces tours servirent, pendant long-temps, d'arsenal et de magasin d'armes. Depuis, on y conserva les titres et les archives de l'ordre de Malte. Là se tenaient les chapitres provinciaux de la nation de France.

Philippe-le-Bel, aussitôt après l'arrestation des Templiers, et sans attendre l'extinction de l'ordre, fit porter à la tour du Temple son trésor et les chartes de France; il en fit sa résidence habituelle, et y tint sa cour pendant quelques années. Il paraît même que l'ordre des Templiers tenait ce lieu à la disposition de nos rois, puisque ce prince demeurait au Temple dès l'an 1306, et que ce fut là, pour ainsi dire, qu'il fut assiégé par les factieux, lors de l'émeute populaire qui eut lieu à l'occasion de l'affaiblissement des monnaies. Les viandes qu'on portait pour le dîner de ce prince furent saisies par les séditieux, jetées dans la boue et foulées aux pieds. La belle maison d'Etienne Barbette, voyer de Paris, près Saint-Martin-des-Champs, fut forcée, pillée, et ses superbes jardins furent bouleversés, saccagés.

Ce mouvement séditieux, qui eut lieu au Temple au commencement du xive. siècle, n'était rien en comparaison du spectacle atroce qu'offrit ce même enclos à la fin du xviiie.

Les scélérats qui insultèrent à la majesté royale, dans la personne de Philippe-le-Bel, furent punis. Vingt-huit des plus coupables furent pendus, quelques jours après, aux portes de la ville.

Les farouches assassins de septembre, les monstres qui osèrent élever, sous les fenêtres de la tour où la famille royale était captive, la tête sanglante de l'infortunée princesse de Lamballe, restèrent impunis (1).

____

(1) Avant la construction de la Bastille, qui, comme on sait, ne fut bâtie que sous le règne de Charles V, les tours du Temple avaient quelquefois servi de prison d'état. Dans le petit nombre de ceux qui y furent déte-

On sait que le Temple était l'asile des débiteurs insolvables, et que, du moment où ils avaient pénétré dans ce lieu de refuge et de franchise, ils étaient à l'abri des poursuites de leurs créanciers. Les titres sur lesquels les chevaliers de Saint-Jean se fondaient pour donner retraite aux personnes en dettées et juridiquement poursuivies, étaient les priviléges qui leur étaient accordés par les bulles des souverains pontifes Clément VIII, Paul III, et Pie IV.

Les assassins, les voleurs n'étaient point admis à jouir du droit de refuge. Ils n'étaient point, il est vrai, saisis dans l'enclos par les gens du Roi ; mais, sur la demande que l'on en faisait à l'ordre, il en ordonnait la tradition.

Le Temple, néanmoins, renfermait beaucoup d'individus autres que ceux qui s'y réfugiaient pour dettes. Ces derniers ne pouvaient y loger qu'en garni. Plusieurs personnages célèbres y demeurèrent. Le prince de Guise, beau-père du maréchal de Richelieu, y avait son hôtel. Le célèbre Bussy-Rabutin, Jean-Jacques Rousseau, plus célèbre encore, y firent quelque séjour. Là vécut pendant assez long-temps, là mourut, après quatre-vingts hivers,

---

nus, on distingue Anguerrand de Marigny, surintendant des finances sous ce même Philippe-le-Bel.

ce Chaulieu que Voltaire nommait l'*Anacréon du Temple*. Ami du Grand-Prieur, Philippe de Vendôme, ce favori des Grâces et du dieu du Goût, vivait dans une retraite que venaient souvent embellir et charmer Campistron, La Fare, madame de Staal, et le célèbre lyrique Rousseau. Le Grand-Prieur de Vendôme assistait constamment à ces réunions paisibles, connues sous le nom de *Petits-Soupers du Temple*.

Cinquante ans plus tard, l'hôtel de Boufflers offrit le même spectacle sous l'égide du Grand-Prieur Louis-François de Bourbon Conti, auquel succéda S. A. R. Monseigneur le duc d'Angoulême, neveu de l'auguste monarque que le ciel nous a rendu.

Henri III, roi d'Angleterre, étant venu en France, en 1254, fut reçu en souverain dans toutes les villes où il passa. Il reçut les mêmes honneurs à Paris, et descendit au Temple, qu'il choisit pour son séjour. Ce fut là que, le lendemain de son arrivée, il donna un banquet magnifique à Saint-Louis et à toute sa cour, dans une salle dont les quatre murailles, suivant la coutume du Levant, étaient couvertes de boucliers.

De nos jours, lors de son premier voyage à Paris, Gustave III, roi de Suède, se rendait souvent au Temple pour y visiter le prince de Conti et madame de Boufflers. Il y planta même un arbre, que cette dame appelait *le Gustave*. Lorsque ce prince revint en France, en 1785, il voulut revoir l'arbre qu'il avait planté, et entra dans le jardin qui appartenait alors à madame d'Arfeuille. Cette dame, qui ne connaissait pas le monarque suédois, parut scandalisée de cette liberté, et témoigna assez haut son mécontentement. *Cette dame a raison*, dit Gustave à son chambellan, *nous nous sommes conduits ici comme des écoliers.*

Et ce prince sortit à l'instant même, en laissant au portier des marques de sa libéralité.

Gustave, qui venait de visiter les tours du Temple, était loin de prévoir que, sept ans après, elles serviraient de prison au monarque infortuné qui l'accueillait dans ses états, et que ce monarque n'en sortirait que pour marcher à la mort. Il était loin de prévoir que lui-même, à la même époque, tomberait sous le poignard d'un assassin.

Plus tard, le palais du Grand-Prieuré fut honoré de la présence de la fille des Césars. Cette princesse y descendait, lorsque, relevant de couches, elle venait de remplir un devoir religieux dans l'antique cathédrale de Paris. Elle était également bien éloignée alors de pré-

voir qu'un jour elle traverserait ces mêmes appartemens où elle était reçue en souveraine,
dans la posture humiliante d'une captive, et
que son royal époux, ainsi que son auguste
famille, partageraient ses fers!

Tous les souvenirs s'éclipsent devant le souvenir terrible de la captivité de l'infortuné
Louis XVI et de la famille royale.

Un prince essentiellement bon, vertueux,
et qui, dans tous les temps, ne voulut que
le bonheur de son peuple ; la Reine, son
auguste épouse, une princesse dont le dévouement sublime passera à la postérité la plus
reculée, furent accablés d'outrages, éprouvèrent toutes les privations, et ne sortirent du
Temple que pour être conduits au supplice.
Un auguste enfant, héritier du trône, fut
moissonné dès son aurore, et périt, dans ce
lieu de douleur, des suites de la maladie qu'il
y avait contractée. Sa sœur..... ange du ciel!
vit disparaître successivement, à son quinzième
printemps, tous les objets de son amour. Elle
vécut pendant trois ans et quatre mois dans
les larmes, dans les angoisses de la douleur.
Elle ne fut conservée à la vie que par un
bienfait de la Providence, qui voulut que
cette princesse devint la consolatrice d'un oncle

adoré, d'un monarque que cette même Providence avait choisi pour rendre à la France la paix et le bonheur.

L'assemblée nationale avait rendu un décret portant que le Roi et la famille royale habiteraient le Luxembourg. Elle avait chargé l'administration du département de faire les dispositions nécessaires pour l'exécution de ce décret. Sur différentes observations, on désigna l'hôtel de la Chancellerie, place Vendôme, pour servir de demeure au monarque.

La commune de Paris représenta qu'elle ne pouvait répondre de la personne du Roi, s'il avait un de ces locaux pour asile ; et ce fut sur la proposition qu'elle fit, que le Temple fut choisi pour être le lieu de sa détention. La commune de Paris était alors toute puissante, plus puissante que l'assemblée nationale elle-même. Le monarque ne murmura pas. Ce prince offrait le plus rare, le plus sublime exemple de la résignation. Dévoué tout entier au salut du peuple, sur lequel, par le droit de sa naissance, il avait été appelé à régner, il craignait qu'un mot, un geste, un mouvement de sa part, ne devînt funeste à la chose publique, n'augmentât le trouble, et ne fît couler le sang de nouveau. Lorsqu'on intima l'ordre à quelques serviteurs fidèles qui l'entouraient dans l'enceinte de l'assemblée, de s'éloigner, d'abandonner un prince pour lequel ils auraient voulu sacrifier leur vie, Louis XVI les engagea lui-même à céder à la nécessité. Il se borna à cette réflexion douloureuse, qu'il laissa échapper avec l'expression la plus touchante:

Charles Ier. fut plus heureux que moi, il conserva ses amis jusqu'à l'échafaud.

Uniquement occupé des dangers de l'état, Louis XVI s'affectait peu de ceux qui le menaçaient lui-même. Le sage ne perd jamais le calme de l'âme; il ne se laisse point abattre par l'infortune. *Une grande âme*, a dit Labruyère, *est au-dessus de l'injustice, de la douleur, et de la moquerie.* Placé sous la verge de fer de quelques individus qui, pour la plupart, étaient des hommes ignorans, grossiers, et qui, par malignité, par envie de se signaler, substituaient au respect que l'on doit au malheur, l'outrage et la dérision, Louis savait souffrir et se taire. Sa tranquillité ne paraissait point altérée par ces injures. S'il répondait, c'était avec cette modération, compagne de la probité, avec ce sang-froid qui distinguait Léonidas. Il forçait ces êtres grossiers, fiers du pouvoir d'un jour, à rougir de leur lâcheté. L'homme qui n'a que de la force ne peut se mesurer avec le sage: cette vérité, qui n'a pas besoin d'être démontrée, puise de nouvelles forces dans l'impassibilité dont Louis XVI fit preuve pendant sa détention. Il en est mille exemples que nous ne citerons point, parce qu'ils se trouvent consignés dans l'excellent journal de Cléry.

Ce fut le 13 d'août que la famille royale fut conduite au Temple. Ce ne fut que le 17 que la commune arrêta qu'elle répondait de la personne du roi. Elle avait pris alors toutes les précautions nécessaires pour que ces augustes prisonniers n'échappassent pas à sa surveillance.

Manuel et Pétion étaient dans la voiture du Roi ; l'infortunée princesse, dont le nom rappelle à-la-fois le souvenir de toutes les vertus, et l'exclamation du chancelier de l'Hopital : *excidat illa dies* ; la princesse de Lamballe accompagnait la Reine, ainsi que la marquise de Tourzel et sa fille. Les dames Thibaut, Bazirre, Navarre et Saint-Brice, femmes-de-chambre, suivirent les trois princesses et le jeune prince.

M. de Chamilly fut choisi pour servir le Roi, en qualité de valet-de-chambre ; et M. Hue, en la même qualité, fut destiné au service de M. le Dauphin.

L'auguste famille devait épuiser à longs traits la coupe d'amertume ; elle devait éprouver toutes les contrariétés. On la priva, quelques jours après, des personnes qui avaient sa confiance, et qui pouvaient adoucir l'horreur de sa captivité. La princesse de Lamballe, les dames de la suite et les deux valets-de-chambre, furent retirés du Temple (1). M. Hue fut le seul qui y rentra pour le service du Roi ; mais son séjour à la tour ne fut pas long ; vingt jours après il disparut de nouveau, et son enlèvement du Temple occasionna à la famille royale les plus vives alarmes sur le sort qui lui était destiné. Ce digne serviteur échappa néanmoins à la proscription. A l'époque du départ de madame Royale, il accompagna cette princesse ; il l'accompagna à son retour, et vient d'être nommé payeur de la partie militaire de la maison du Roi.

M. Cléry, valet-de-chambre de M. le Dauphin, parvint à obtenir la faveur de continuer son service auprès de ce prince. A la retraite de M. Hue, il devint l'unique serviteur du Roi et de son fils.

---

(1) M. de Chamilly se retira dans une terre près de Lyon, il y fut arrêté par ordre du comité de sûreté générale, et conduit au tribunal révolutionnaire, qui, dans son audience du 5 messidor an 2, le condamna à la peine de mort, comme convaincu d'avoir rédigé le testament de Louis XVI. Il était alors âgé de soixante-deux ans.

Le Roi et la famille royale couchèrent dans les tours dès la première nuit. Depuis le 13 d'août jusqu'au 29 de septembre, Louis XVI habita le troisième étage des petites tours qui étaient du côté du nord. La Reine habita le deuxième étage, depuis la même époque jusqu'à la fin d'octobre.

Du moment où le Roi fut dans sa prison, il s'occupa à régler ses occupations de chaqne jour. Il le partagea entre la prière, la lecture, l'instruction de ses enfans, quelques jeux de récréation, la promenade, quand les commissaires de la commune le permettaient; et des conversations avec ces mêmes commissaires.

La Reine faisait lire ses enfans, et leur faisait réciter des dialogues. Madame Elisabeth enseignait le dessin et le calcul à sa nièce.

Les mêmes occupations revenaient dans la journée suivante.

Nous ne rappellerons les horribles journées de septembre, que pour retracer la réponse de Louis XVI, lorsqu'on lui demanda le nom du commissaire qui avait voulu l'attirer près de la fenêtre pour voir la tête de la princesse de Lamballe :

Je l'ai oublié, je ne me rappelle que le nom de celui qui m'a empéché d'aller à la fenétre.

Le 21 de septembre, jour de l'installation de la convention nationale, et du décret portant l'abolition de la royauté en France, le conseil général de la commune arrêta que tout ce qui concernait le service du Roi serait arrêté avec lui, et cinq commissaires furent nommés pour surveiller les prisonniers du Temple. Deux sapeurs servirent de guichetiers aux portes des appartemens.

Le 27, les commissaires municipaux formant le conseil de gestion pour les prisonniers du Temple, exposèrent, dans un rapport au conseil général de la commune, qu'il se formait des rassemblemens nocturnes de trois à quatre cents hommes près de l'enceinte extérieure de la tour; qu'on y jouait différens airs sur le flageolet; qu'on y faisait plusieurs signaux, et qu'on avait entendu des cris de *vive le Roi !* ils sollicitèrent des mesures *pour prévenir l'effet de ces machinations,* et proposèrent, en outre, au conseil général, d'ôter à Louis XVI toutes ses décorations.

Le conseil général de la commune prit, le 29 du même mois, l'arrêté suivant:

1°.

1°. Louis et Antoinette seront séparés ;

2°. Chaque prisonnier aura un cachot particulier ;

3°. Le valet-de-chambre sera mis en état d'arrestation ;

4°. Le cit. Hébert est adjoint aux cinq commissaires précédemment nommés ;

5°. Les commissaires sont autorisés à mettre à exécution cet arrêté sur-le-champ, et même à ôter aux prisonniers l'argenterie et les accessoires pour la bouche. Le conseil général leur donne, en outre, plein pouvoir d'employer tout ce que leur prudence leur prescrira pour la sûreté de ces otages.

Depuis l'entrée de la famille royale au Temple, on préparait un appartément au second, dans la grande tour, pour y placer Louis XVI. Cet appartement était composé d'un antichambre, d'une chambre à coucher, et de deux cabinets pratiqués dans une tourelle, d'une salle pour les commissaires, et d'une autre chambre pour les domestiques, avec un cabinet. On fit enfin toutes les distributions qui pouvaient rendre ce local commode, et propre à un prisonnier qui devait être nuit et jour sous les yeux de ses gardiens. C'est là que l'infortuné monarque écrivit son testament ; c'est là qu'il reçut ses conseils, ses défenseurs, ainsi que les consolations qui lui furent apportées par la religion. C'est aussi dans cet appartement qu'eut lieu sa dernière entrevue avec sa famille. Elle se fit dans la pièce séparée de l'antichambre par une cloison vitrée, et se passa ainsi sous les regards des officiers municipaux, qui ne le quittaient pas d'un seul instant.

Des bâtimens touchaient à cette tour; on les abattit pour la laisser isolée. Dans le nombre de ces édifices se trouvaient la maison du bailliage, celle du greffe, et le bel hôtel du chapitre.

On fit construire un corps de murailles de près de quarante pieds d'élévation, et l'on éleva à la même hauteur la partie des anciennes murailles de l'enclos, qui donnaient sur la rue de la Corderie.

En examinant ces travaux, le Roi dit un jour à ceux qui le gardaient:

Eh! Messieurs, que de dépenses, que de précautions inutiles ! je vous assure que je n'ai nulle envie de m'évader.

On établit des corps-de-garde à l'intérieur et à l'extérieur, ainsi qu'aux sept guichets placés dans l'escalier de la tour, avec des portes de fer. On garnit les croisées d'épais barreaux, et on les masqua par des soufflets. On démolit la chapelle qui se trouvait au rez-de-chaussée de cet édifice, et on bouleversa entièrement le jardin. On entoura cette tour de fossés de douze pieds de profondeur, et qui ne pouvaient être franchis qu'à l'aide d'un pont-levis.

Trois cents hommes environ veillèrent autour de cette prison, devenue inaccessible.

Le 3 octobre, les commissaires se transportèrent au Temple, et signifièrent au Roi l'arrêté que le conseil général avait pris le 27 du mois précédent. A cette nouvelle, le Monarque parut frappé d'étonnement; il se borna néanmoins à dire:

« Je n'ai pas demandé cela, et je me trouve » bien dans mon appartement. »

Les commissaires lui annoncèrent que toute résistance deviendrait inutile, et lui signifièrent l'ordre qu'ils avaient de lui ôter plumes, crayons, écritoires, et tout ce qui pouvait lui servir à entretenir *des correspondances coupables.*

L'instant où ce Prince fut forcé de se séparer de sa famille, fut extrêmement douloureux. La Reine et Mme. Elisabeth fondaient en larmes: mais le courage n'abandonna pas le Monarque. Il prit les mains de son épouse et celles de sa sœur; il les serra avec affection, sans prononcer un mot; mais il semblait leur dire: *Résignons-nous!*

Il s'arracha de leurs bras, marcha d'un pas

6 *

ferme vers sa nouvelle prison, et parut satisfait
en y entrant ; mais quand il eut porté ses yeux
sur les fenêtres, et qu'il eut aperçu les grilles et
les abat-jour, il s'écria qu'il avait trop chaud, et
qu'il ne voulait pas rester dans cet appartement.

Vains efforts ! le coup était porté.

On permit à la Reine et à Mme. Elisabeth,
de communiquer avec le prince et la princesse
Royal ; mais on prit des mesures pour qu'ils ne
pussent rien se dire de secret. On consentit aussi
à ce que les prisonniers mangeassent en famille,
mais sous la condition expresse de ne faire aucun signe, et de ne tenir aucun langage suspect.

Le bonheur de se réunir en famille rétablit
le calme dans le cœur du plus tendre des époux
et des pères.

Le 7, Manuel qui, de procureur de la commune était devenu membre de la convention nationale, se rendit au Temple, et visita Louis XVI
en présence de plusieurs commissaires de la commune. On lit dans le journal de Cléry les détails de cette visite, dont Manuel rendit compte
en ces termes :

« Les signes de la royauté existent jusques
dans la tour du Temple. *Louis de la Tour* igno-
rait qu'il n'était plus roi : il paraît que le décret
ne lui avait point été signifié. Je lui ai fait une vi-

site ; et dans la conversation, j'ai cru devoir lui apprendre la fondation de la république. *Vous n'êtes plus roi*, lui ai-je dit ; *voilà une belle occasion de devenir bon citoyen.* Il ne m'a pas paru affecté. J'ai dit à son valet-de-chambre de lui ôter ses décorations ; et s'il a mis un habit royal à son levé, il se couchera avec la robe de chambre d'un citoyen. Il est coupable, je le sais ; mais comme il n'a pas été reconnu tel par la loi, nous lui avons promis les égards dus à un prisonnier. Il est très-possible d'être sévère et bon.

Il ajoute :

» Nous sommes convenus qu'il ne faut pas tant de prodigalité pour sa nourriture ; et, pour son intérêt comme pour le nôtre, il faudra l'accoutumer à plus de frugalité.

» Quant à son valet-de-chambre, je lui ai dit qu'il n'était plus au service d'un roi, mais à celui d'un simple particulier qui ne pourrait plus le payer aussi richement. Comme il s'était résigné à garder prison, je crois qu'il ne tardera pas à changer de condition.

» *Louis de la Tour* n'est pas plus touché de son sort de prisonnier, qu'il ne l'était de celui de roi. Je lui ai parlé de nos conquêtes ; je lui ai appris la reddition de Chambéry, de Nice, etc. ; et je lui ai annoncé *la chute des rois aussi prochaine que celle des feuilles.* »

Cette grandeur d'âme avec laquelle Louis XVI supportait ses malheurs, était convertie en pusillanimité dans l'opinion d'un homme qui se prétendait philosophe, et qui avait écrit au monarque cette lettre fastueuse qui commençait par ces mots :

Sire, je n'aime pas les rois.

Louis XVI se contenta de répondre, relativement au décret qui abolissait la royauté :

Je fais des vœux pour que les Français trouvent le bonheur que j'ai toujours voulu leur procurer.

A l'égard de la suppression de ses décorations, Louis se borna à dire à Cléry :

Vous avez entendu ces Messieurs, vous ôterez, ce soir, mes ordres de dessus mes habits.

On lisait sur une pendule de la chambre du monarque : *Lepautre, horloger du roi ;* on effaça le nom de *roi,* et on y substitua celui de *république.*

La réponse du Monarque à l'annonce d'un événement qui le faisait descendre du trône, n'était point un vain mot. Ce vif intérêt qu'il prenait au bonheur du peuple français, s'était manifesté à l'instant même où il monta sur le trône. Lorsqu'on lui soumettait quelques projets nouveaux, son premier mot était :

Cela rendra-t-il mon peuple heureux ?

Louis était fier de ces mots: MON PEUPLE ! parce qu'il s'identifiait avec lui. On se rappelle avec attendrissement ces paroles touchantes qu'il prononça quelque temps après l'installation de l'assemblée constituante :

« Tout ce que je regrette, c'est que je ne puis plus dire l'amour *de mon peuple*, mais *du peuple français :* mais on a beau faire, *ce sera toujours l'expression de mon cœur.* »

Cette expression s'était manifestée dans les premières paroles de cet infortuné monarque aux notables réunis :

« Mon cœur attend avec impatience le moment où, entouré des représentans de mes fidèles sujets, je pourrai concerter avec eux les moyens de réparer les maux de l'état, et, en maintenant l'autorité que j'ai reçue de mes ancêtres, *assurer pour jamais le bonheur de mes peuples, qui en est inséparable, et qui sera toujours mon unique but.*

Lorsque les représentans sont assemblés, il leur dit :

«Tout ce qu'on peut attendre d'intérêt au bonheur public, tout ce qu'on peut demander à un souverain, *le premier ami de ses peuples,* vous pouvez, vous devez l'espérer de mes sentimens. »

Le même esprit animait Louis XVI dans la tour du Temple : il exprimait chaque jour le vœu de voir le peuple heureux. S'il proférait quelques plaintes, elles lui étaient arrachées par la douleur de voir que le peuple était trompé sur ses véritables sentimens. Il déplorait son aveuglement ; il se plaignait de n'en plus être aimé. Ces plaintes s'exalaient surtout à la lecture des journaux, que Manuel avait ordonné de lui mettre sous les yeux, espèce de consolation que lui ravirent bientôt ses gardiens. C'était la douleur d'un père qui voit ses enfans s'éloigner de son sein ; et cette douleur avait mille fois plus de prise sur lui, que la crainte de perdre une vie dont il avait fait le sacrifice.

Dans ses instructions à son fils, Louis XVI lui dit un jour :

« *Le roi et le peuple ne font qu'un.* Le peuple ne peut souffrir, que le roi ne s'en ressente. Souvenez-vous, mon fils, que les rois sont comme des arbres élevés, toujours agités par les vents, et souvent battus par la tempête. »

Quelle leçon!

Le sort de la Reine et de ses enfans, celui d'une sœur qui s'était dévouée pour lui, l'affectait péniblement. Entouré de ces êtres adorés, qui tremblaient à chaque instant pour ses jours, qui le baignaient de leurs larmes, il s'efforçait de leur inspirer une confiance qu'il n'avait pas, de faire renaître dans leurs cœurs le calme et l'espérance. Quelle situation pour un roi! pour le père, l'époux, le frère le plus tendre!...

« *C'est sur vous, c'est sur le dauphin que je pleure !* lui disait un jour la Reine. Pour moi, que pourrais-je craindre ? Malgré la haine qu'ils m'ont vouée, je ne puis être un obstacle à leurs projets. »

Louis, qui, depuis long-temps, rapportait tout à la religion, lui répondit:

Nos yeux ne nous ont point été donnés pour pleurer, mais pour regarder le ciel, d'où coule la source de nos consolations, et d'où nous les attendons.

Le Roi s'efforçait également de consoler un serviteur fidèle, qui, dans le peu de temps qu'il resta à la tour du Temple, ne pouvait prendre sur lui de cacher, devant son maître, le chagrin qu'il ressentait de le voir privé de la liberté.

Tous les raisonnemens glissaient sur M. Hue, qui ne cessait de s'écrier : *Comment, mon roi dans les fers !*

Eh bien, lui dit enfin Louis XVI, *pensez que je ne suis qu'un homme qui souffre, et que le monarque est absent.*

Le Roi se plaisait à entretenir les commissaires de la commune, lorsque, par hasard, il s'en trouvait quelqu'un en état de converser avec lui sur la littérature et les arts. Nous disons *par hasard*, parce que dans le nombre il s'en rencontrait beaucoup qui ne savaient pas lire. C'est ce dont convint de bonne foi un de ces municipaux auquel le Roi, séparé momentanément de sa famille, s'adressait pour demander quelques livres qu'il avait laissés dans la chambre de la Reine.

Dans les premiers jours de sa détention, Louis XVI lia conversation avec un de ces commissaires, homme instruit et versé dans la géographie. Le Dauphin était présent. Tout-à-coup Louis l'interrompit, pour demander à son fils dans quelle partie du monde se trouvait Lunéville..... Dans l'Asie, répondit malignement le jeune Prince. Le commissaire, relevant l'erreur, dit à l'enfant :

Comment ! vous ne connaissez pas mieux le lieu où ont régné vos ancêtres ?

Louis sourit à l'observation. La Reine quitte

subitement son ouvrage, se lève, et s'avançant vers le commissaire, elle lui dit avec beaucoup d'émotion :

« Quoi! monsieur, seriez-vous ?....

Le commissaire fait quelques pas en arrière, et répond :

« Madame, craignez de vous compromettre, » ainsi que moi. »

La Reine s'éloigne, en disant:

« Vous avez raison ; ne craignez rien. »

En effet, le second commissaire était près de la croisée à examiner les ouvriers qui travaillaient au mur de clôture.

Contre la coutume incivile de tous les gardiens, ce même homme avait la tête découverte en présence de la famille royale ; et pour ne pas se rendre suspect, il prétextait que la chaleur l'incommodait. Il prévenait par de légères attentions les goûts des prisonniers. On leur sert à dîner des pigeons rôtis. *Ce mets*, dit la Reine, *est très-bon avec du citron.* Ce commissaire s'éloigne un instant sur un léger prétexte, et bientôt après on sert des citrons sur la table. La Reine, à qui rien n'échappe, jette un regard de bienveillance sur ce commissaire, pour le remercier de son attention.

Les prisonniers désirent de connaître le nom

de cet officier municipal. Le valet-de-chambre M. Hue est chargé de s'en informer. Il sort, rentre l'instant d'après: mais ce nom fait sur les prisonniers, qui se le disent successivement à l'oreille, l'effet de la tete de Méduse. Ce commissaire si prévenant, si attentif, si respectueux, est membre d'une société fameuse que la famille royale doit avoir en horreur. C'est le Roi qui l'annonce aux autres convives. L'officier municipal sourit, et dit:

Vous ne vous trompez pas ; il y a trois ans que j'ai été reçu.

L'intérêt qu'il inspirait fait place à la froideur. Cependant une nouvelle attention vient rétablir la confiance. Posté à la croisée, près du Roi qui examinait les travaux, il s'aperçoit que ce Prince infortuné est vivement affecté des chansons grossières des ouvriers: ces couplets étaient insultans pour la Reine. Le commissaire s'adresse aux chanteurs, et leur dit: *Ne pourriez-vous pas chanter autre chose et respecter le malheur ? —* Vous avez raison, mon municipal, répondirent ces ouvriers; et ils se turent.

Louis se retourne vers lui... *Je vous remercie,* lui dit-il. Quelques larmes s'échappent de ses yeux; il les essuie, et s'écrie douloureusement: *Le peuple m'en veut donc bien! que lui ai-je donc fait ? son bonheur n'a pas dépendu de moi !*

On vient relever ce commissaire. Le Roi lui demande avec intérêt : *Quand reviendrez-vous ? Puisse être bientôt !* — Je l'ignore : le sort en décide. — *En ce cas, ce ne sera de long-temps, car le sort ne nous est pas favorable.*

Le pressentiment du Roi était fondé : ce commissaire ne reparut plus. En sortant du Temple, il tomba malade de l'impression qu'il y avait éprouvée. Il donna ensuite sa démission de membre de la commune, ne voulant pas s'exposer à retourner au Temple, où l'intérêt qu'il portait aux augustes prisonniers aurait pu le compromettre et le perdre.

Le 24 d'octobre, la Reine, la princesse Royale et Mme. Elisabeth, prirent possession du nouvel appartement qu'on avait préparé au troisième étage de la grande cour, par conséquent au-dessus de l'appartement occupé par Louis XVI. Il était composé de quatre pièces très-bien ornées, dont deux à cheminée, et les deux autres avec des poëles.

Là, la Reine partageait également sa journée entre le travail à l'aiguille, la lecture, les devoirs de la religion, et l'éducation de *Madame*.

On sait que le caractère de l'auguste épouse de Louis XVI était un mélange de douceur et de magnanimité. Elle avait, en différentes occasions, et notamment aux 5 et 6 octobre 1789, déployé le plus grand caractère. Échappée aux dangers imminens de cette horrible journée, elle parut avoir oublié les outrages qu'elle avait reçus, et l'oubli de pareilles injures est l'héroïsme de la vertu. Les âmes élevées peuvent seules, dans ce cas, être touchées de la gloire de pardonner! On connaît la réponse sublime que fit cette princesse aux commissaires du châtelet, lorsqu'ils vinrent pour recevoir ses dépositions sur cet affreux attentat:

Messieurs , j'ai tout vu, tout entendu, j'ai tout oublié.

L'histoire conserve cette réponse, ainsi que celle, non moins admirable, qu'elle fit aux députés du *comité des recherches*, établi à l'hôtel-de-ville:

Messieurs, je ne serai jamais la délatrice des sujets du roi.

A ces traits, on reconnaît la souveraine dont l'historien a tracé le portrait suivant:

« Jeune, issue de plusieurs empereurs, cette reine porta avec modération l'orgueil de sa naissance, le poids du diadème. Toujours environnée de pièges, toujours assaillie par les poignards de la calomnie, elle ne connut jamais le sentiment de la haine. Traînée, aux plus belles années de sa vie, du faîte des grandeurs au dernier degré de l'adversité, elle vit, sans en être abattue, cet épouvantable renversement. Heureuse, ses plaisirs les plus doux furent de répandre des bienfaits. Elle n'eut d'autre ambition que celle d'ajouter à la gloire de son époux ; d'autre jouissance que de calmer les ennuis qu'il recevait de l'ingratitude de ses sujets. Malheureuse, elle ne souffrit que des coups portés aux augustes victimes qui partageaient son infortune. Attachée à ses devoirs d'épouse, infatigable dans les témoignages de la plus affectueuse et de la plus aimable sollicitude pour le bonheur de ses enfans, elle fut encore amie fidèle, amie tendre, amie constante. »

La Reine conserva ce même caractère, cette même fermeté dans la tour du Temple. Ses pleurs ne coulaient que quand elle était seule. Au milieu de sa famille, elle se montrait calme et résignée. Il y a du courage à souffrir avec constance les maux qu'on ne peut éviter. Elle était affable avec ses gardiens, mais sans rien perdre de sa dignité.

Au commencement de son séjour au Temple, la Reine s'amusait à toucher du forte-piano. Un jour, un officier municipal, de surveillance auprès d'elle, poussa l'oubli des convenances jusqu'à désirer qu'elle exécutât l'hymne des Marseillais. La Reine ne se le fit pas dire deux fois ; et, lorsqu'elle eut achevé, elle demanda à l'officier municipal s'il était satisfait ? Celui-ci ne lui répondant que des choses insignifiantes, elle l'interrompit en se levant, et lui dit avec douceur :

Au moins, Monsieur, vous devez louer ma complaisance.

L'espérance est le seul bien qui reste aux malheureux. On a prétendu que la Reine, à peine enfermée au Temple, s'était ménagé des intelligences au dehors, ce qui eût été bien naturel ; et que, touchés de l'horrible situation à laquelle la famille royale était réduite, quelques-uns des commissaires s'offrirent à la servir, et qu'ils se chargèrent de sa correspondance. On lit en effet, dans le journal de Cléry, qu'un jeune homme, nommé *Toulan* (1), était du nombre de ces hommes sensibles qui s'étaient dévoués à cette famille infortunée.

Ce jeune homme fut impliqué, depuis, dans le procès de la Reine, avec neuf autres officiers mu-

---

(1) Fils d'un perruquier de Toulouse, il avait reçu une éducation soignée. A l'époque de la révolution, libraire et marchand de musique à Paris.

nicipaux

nicipaux accusés d'avoir voulu favoriser son éva-
sion. Il périt, en effet, par le dernier supplice.

On a même prétendu que celui qui servit le
mieux la Reine, fut Manuel. On ajoute que cette
Princesse lui dit :

Si vous me servez bien, j'oublierai tout.

Le lendemain de ce jour funeste où des scélérats poussèrent le raffinement de la barbarie
jusqu'à porter en triomphe la tête de la princesse
de Lamballe sous les fenêtres de la prison du Roi,
la Reine écrivit, dit-on, à Manuel :

« Les tigres ont porté leurs mains barbares sur
» la seule amie qui me restait. Vous ne m'avez
» pas prévenue de ces horreurs. Seriez-vous d'ac-
» cord avec eux pour me tromper ?.... »

Quelques jours après, dit-on encore, la Reine
entendit de sa fenêtre des crieurs annoncer le
massacre des prisonniers de la haute-cour d'Orléans ; et, sur-le-champ, elle écrivit de nouveau à
Manuel une lettre dans laquelle elle s'exprimait
ainsi :

« Quels nouveaux crimes viens-je d'entendre ?
» Encore des massacres ! J'étais trop éloignée pour
» distinguer les noms des victimes. *Je vous or-*
» *donne de m'en envoyer la liste.* »

Manuel lui envoya cette liste, en cherchant à
s'excuser.

7

Le style de ces billets peut faire douter de l'authenticité du fait. Il est vrai que Manuel, lors du procès du Monarque, fit tous ses efforts pour le sauver; et que, du moment où il vit sa perte assurée, et ses propres efforts inutiles, il donna sa démission de député, rentra dans la classe des citoyens, et s'exposa par-là à tous les dangers qui pouvaient fondre sur lui, et qui l'engloutirent en effet dans la tombe. Il est néanmoins difficile de croire qu'il fût disposé à servir la cause royale, lorsqu'il vint au Temple annoncer à Louis XVI que la royauté était abolie en France.

Le zèle des amis du trône fut infructueux; et, dans la séance du 3 décembre, la convention décréta que Louis XVI serait jugé par elle.

Le 7 décembre, le conseil municipal arrêta:

1°. Qu'il sera enlevé aux prisonniers du Temple toute espèce d'instrument tranchant, ou autres armes offensives et défensives; en général, tout ce dont on prive les autres prisonniers présumés criminels;

2°. Que ceux qui les servent, ou les approchent de près, subiront les mêmes privations;

3°. Que tous les comestibles seront dégustés par les personnes préposées au service des prisonniers, telles que cuisiniers, traiteurs et servans;

4°. Que tout ce qui entre dans la tour sera scrupuleusement examiné par les commissaires au Temple;

5°. Que l'arrêté qui ordonne que tous les jours les commissaires au Temple rendront compte par écrit au conseil de ce qui se passe dans cette prison, sera exécuté strictement;

6°. Que les servans ne coucheront plus dans la tour.

Cet arrêté fut exécuté, et les commissaires dressèrent un état des objets enlevés aux prisonniers.

Le conseil-général arrêta le même jour que Cléry coucherait dans la tour, du côté gauche donnant dans la salle à manger ; que le conseil du Temple serait placé dans la tour ; que le concierge Metey en aurait la surveillance, et ne pourrait sortir sous aucun prétexte ; que les guichetiers actuels seraient renvoyés ; que la cuisine serait placée dans la tour, et que les agens sous-employés ne sortiraient point ; que, pendant la nuit, deux officiers municipaux garderaient les prisonniers de chaque étage ; et enfin, que la même cuisine servirait pour les commissaires du Temple.

Lorsque le roi apprit qu'il allait être jugé, et qu'un décret portait qu'il serait conduit à la

7.*

barre de la convention nationale, il en prévint lui-même la Reine, et il le fit avec un air de gaieté, dans l'intention de diminuer les alarmes que cette nouvelle devait nécessairement lui causer. Il y réussit. *Je vais cependant,* lui dit-il, *savoir ce qu'on me reproche, et je remercie le ciel de pouvoir répondre publiquement.*

Il arriva enfin ce jour où Louis XVI devait paraître devant ses juges!...

Laissons parler l'officier municipal de service à la Tour, dans son rapport du 11 décembre:

« Louis s'est levé à sept heures du matin. Il avait une longue barbe; il n'a pas fait de toilette; A huit heures il entend battre la caisse; il demande ce que c'est. *Je l'ignore,* répond l'officier municipal. — Je ne suis pas accoutumé à l'entendre à cette heure; n'est-ce pas la générale? — *Je l'ignore.* — J'entends un trépignement de chevaux dans la cour. — *Je ne sais ce que c'est.*

» Ils déjeunent en famille. Ils sont dans une grande agitation; le bruit qui continue les alarme. Il se forme un rassemblement de la force armée dans la première cour. Louis est dans un calme simulé; au lieu de donner une leçon de géographie à son fils, ils jouent tous deux au siam. Le fils ne pouvait parvenir qu'au nombre

16. *Ce nombre est bien malheureux ! dit-il. — Ce n'est pas d'aujourd'hui que je le sais,* répond son père.

» Le jeu finit. Le bruit augmente. L'officier municipal s'approche de Louis... — Je vous annonce, Monsieur, que vous allez recevoir la visite du maire. — *Ah, tant mieux !* — Je vous préviens qu'il ne vous parlera pas en présence de votre fils ; mais il se retirera dans la chambre de sa mère. — *Venez, mon fils, embrassez-moi...* (tout bas.) *embrassez votre mère pour moi.*

» On donne l'ordre à Cléry de sortir ; il emmène l'enfant et le conduit chez Antoinette.

— *Je vais voir le maire !... Est-ce un homme gros, grand, jeune, vieux ?* — Je ne le connais qu'imparfaitement. Je sais qu'il est d'un moyen âge, maigre, et assez grand.

» Il se promène pendant un quart-d'heure... — *Savez-vous ce qu'il a à me dire ?* — Il vous l'apprendra lui-même.

» Il reste pendant une heure dans son fauteuil. Il était si rêveur que je passai devant lui sans qu'il m'aperçut... — *Que voulez-vous ?* — Je viens voir si vous n'êtes pas incommodé ? — *Non, non, Monsieur.*

» Il se remet dans son fauteuil pendant quelque temps, et dit :

Le maire se fait bien désirer.

» Le maire arrive, il lui parle avec dignité. En traversant le jardin il a jeté un regard sur la tour ; sa paupière à paru mouillée d'une larme ou d'une goutte de pluie ; arrivé dans la première cour, les nouveaux cavaliers ont fixé son attention.

» Je montai dans la chambre d'Antoinette ; elle était inquiète, ainsi que sa belle-sœur : son fils lui avait dit que son papa avait vu le maire. — Votre mari est à la barre de la convention, lui dis-je, soyez tranquille. — Si vous nous l'aviez dit plutôt, répondit-elle, vous nous auriez bien soulagées. Nous étions affligées... »

Lorsqu'on prévint le Roi qu'on allait le séparer de son fils, et que toute communication avec sa famille lui serait interdite, il s'écria :

Cette privation sera pour moi la plus cruelle. Quand cessera-t-on de m'abreuver d'amertume ?

Une heure sonne. Le maire de Paris, *Chambon*, paraît, accompagné de *Chaumette*, procureur de la commune, de *Colombeau*, secrétaire-greffier, de plusieurs officiers municipaux, de *Santerre*, commandant de la garde nationale, et de ses aides-de-camp. Le maire adresse la parole au Roi:

» Je suis chargé par la loi de vous déclarer que la convention vous attend à sa barre: je vais vous y conduire (1). »

» Le secrétaire-greffier a lu de suite ces mots: Décret de la convention nationale, du 6 décembre, article 5. Louis Capet sera conduit à la barre de la convention nationale, mardi 11, pour répondre aux questions qui lui seront faites seulement par l'organe du président. » — Après cette lecture, le citoyen maire a demandé à Louis s'il voulait descendre. Celui-ci a paru hésiter un instant et a dit : « Je ne m'appelle point Louis Capet ; mes ancêtres ont porté ce nom ; mais jamais on ne m'a appelé ainsi: au reste, c'est une suite des traitemens que j'éprouve depuis quatre mois par la force. Ce matin, on a séparé mon fils de moi. C'est une jouissance dont on m'a privé. Je vous attendais depuis deux heures.

» Le maire, sans répondre, l'a invité de nouveau à descendre ; il s'y est décidé (2). Monté en voiture, il a gardé le silence pendant presque

---

(1) Rapport concernant la translation de Louis.

(2) Le Roi dit en ce moment : *Je vais vous suivre, non pour obéir à la convention, mais parce que mes ennemis ont la force en main.*

tout le temps de sa translation. La voiture n'a été arrêtée qu'à l'occasion d'un petit mouvement; et une seconde fois sur le boulevard, entre la porte Saint-Martin et celle de Saint-Denis. Alors Louis a demandé si l'on n'abattrait pas ces deux arcs de triomphe. On lui a répondu que celui de la porte Saint-Denis était un chef-d'œuvre, et qu'on pourrait le conserver.

« Lorsque Louis XVI a été transféré à la barre de la convention nationale, le silence le plus profond régnait parmi les innombrables spectateurs de cette scène attendrissante; et, pour me servir de l'expression consacrée par le bulletin de la convention nationale, *la première cité du monde ressemblait à une vaste solitude.* Quelques cris de *vive la nation! vive la république!* se faisaient entendre sur le passage de l'ex-monarque. Quelques hommes apostés ont crié aussi: *A la guillotine!* Mais la voix féroce de ces monstres a été étouffée par les cris de l'indignation publique. A la porte des Feuillans, un coupe-jarret s'écriait avec des gestes menaçans: *A la guillotine ce b..... là! à Montfaucon!* etc. Ce furieux fut sur-le-champ environné par une vingtaine de citoyens, qui le chassèrent de la ligne, en lui disant: *Retire-toi, méprisable coquin! veux-tu être son bourreau? Attends que la loi ait prononcé, et jusques-là respecte un accusé dans les fers.*

Personne n'a pris la défense de ce misérable (1). »

Le Roi arriva à la convention à deux heures.
Parvenu à la barre, il promena ses regards autour
de l'enceinte, sans affecter d'autre sentiment que
celui de la curiosité. Il écouta avec la plus grande
attention la lecture de son acte d'accusation, et
fit quelques mouvemens imperceptibles à certains
passages. Ce fut principalement lors des questions
qui lui furent faites, que sa figure présenta, tour-
à-tour, différens changemens; sa voix éprouva
diverses altérations. Par exemple : lorsqu'on lui
reprocha la visite qu'il avait faite au faubourg
Saint-Antoine, et l'argent qu'il avait distribué aux
pauvres ouvriers, sa figure offrait un sourire tranquille, et sa voix une inflexion de sensibilité, en
répondant :

*Je n'avais pas de plus grand plaisir que de
pouvoir donner à ceux qui en avaient besoin* (2).

Tandis que le Roi était à la convention, une
inquiétude naturelle régnait dans l'appartement
des augustes prisonnières. Elles fatiguaient les

____

(1) Procès des Bourbons.
(2) Voir, sur cet interrogatoire, le procès des Bourbons.

gardiens de questions, et n'en obtenaient que des réponses alarmantes, ou un silence sinistre. Tout ce qu'elles purent apprendre, c'est qu'elles ne verraient plus le Monarque tant que durerait son procès. On connaît le moyen ingénieux qu'employa Mme. Elisabeth pour être informée de la santé du Roi. « Prenez ce mouchoir, (dit-elle à » Cléry) vous le retiendrez tant que mon frère se » portera bien. S'il arrivait qu'il fût malade, vous » me l'enverriez dans le linge de mon neveu ».

Elle lui montra alors différentes manières de le plier, et chaque manière devait indiquer le genre de maladie.

Après son interrogatoire, le Roi fut conduit dans la salle des députations, où il demanda un petit morceau de pain, en observant qu'il était à jeun. Il remonta ensuite dans la voiture du maire, parla très-peu pendant le trajet, et fut réintégré dans la tour du Temple à six heures et demie du soir.

Une force armée imposante était sur pied, et tous les postes étaient doublés; on avait en outre placé deux cents hommes à chaque prison, à chaque place publique, ainsi que dans les différens dépôts et magasins.

Lorsque le maire quitta le Temple, après y

avoir déposé Louis XVI, ce prince le pria, à deux reprises différentes et avec instance, de lui faire passer très-promptement le décret qui devait lui accorder le conseil qu'il avait demandé, et que l'on ne refuse à personne.

Le maire répondit qu'il n'était chargé que de sa translation, et que la convention lui ferait connaître sa volonté.

Reprenons la suite du rapport de l'officier municipal de service à la tour.

« Louis rentre au Temple, après la sortie du maire... — *Croyez-vous que j'aurai un conseil?* — Si la constitution vous l'accorde. — *Je vais chercher la constitution. Il lit... La constitution me l'accorde. Puis-je voir ma famille ?*—Je vais consulter le conseil.

» Mon collègue me remplace.

— *Faites-moi apporter à dîner; je suis presqu'à jeun. Communiquerai-je avec ma famille ?* — Non, monsieur; l'assemblée en décidera. — *Pas même avec mon fils ?*—Je vous annonce que vous ne communiquerez pas avec votre famille; or, votre fils compte. — *Ah! mon fils, il n'a que sept ans !..... Je ne pourrai donc pas aller chez lui? Il ne pourra venir chez moi?....*

» Il a dîné et soupé en même temps; il a mangé trois petites côtelettes, un morceau de volaille, a bu deux verres de vin blanc et un petit verre de vin d'Alicante. Il s'est couché.

» Les dames étaient fort inquiètes. Elles ont demandé si Louis était revenu. Antoinette voulait voir son mari. Elle insistait pour que son fils pût voir son père. »

Avant de se mettre au lit, le Roi s'entretint assez long-temps avec son valet-de-chambre. Il lui détaillait les questions qu'on lui avait faites, et ce qu'on lui imputait dans son acte d'accusation. Après ce narré, il ajouta :

« Le peuple est naturellement bon. Il n'aurait pas souffert qu'on m'accusât de tyrannie, s'il avait su combien son bonheur m'était cher : je l'avais désiré. »

Ce même jour, le conseil-général arrêta que Louis ne communiquerait plus avec sa famille; que Cléry n'aurait de relation avec personne autre que lui; que les conseils que la convention pourraient donner à Louis, ne communiqueraient avec personne autre que lui, et toujours en présence des officiers municipaux, *attendu la complicité présumée de toute la famille.*

Par un second arrêté, le conseil-général ordonna que les conseils de Louis seraient strictement examinés, et fouillés jusqu'aux endroits les plus secrets ; et, qu'après s'être déshabillés, ils se revêtiraient de nouveaux habits, sous la surveillance des commissaires ; qu'ils ne pourraient sortir de la tour qu'après le jugement de Louis, et qu'ils prêteraient, ainsi que les Commissaires, le serment de ne rien dire de ce qu'ils auraient entendu.

Le lendemain, 12 de décembre, la convention rendit un décret portant que Louis aurait la faculté de se choisir un conseil. Plusieurs personnes courageuses se présentèrent pour le défendre, tandis qu'un de ceux qu'il avait désignés, l'avocat Target, refusa de le servir. Lorsqu'on en prévint le Roi, ce prince dit en soupirant :

Je n'ai qu'un regret, c'est de l'avoir mis dans le cas de refuser ; mais je ne pouvais imaginer qu'il refusât de me rendre ce service.

M. Tronchet accepta la défense de Louis XVI, qui l'avait choisi à cet effet.

M. Lamoignon de Malesherbes avait sollicité, dès la veille, la faveur de défendre le monarque. Il avait écrit à la convention la lettre suivante :

Paris, 11 décembre 1792.

Citoyen Président,

» J'ignore si la convention donnera à Louis XVI un conseil pour le défendre, et si elle lui en laisse le choix. Dans ce cas là, je désire que Louis XVI sache que s'il me choisit pour cette fonction, je suis prêt à m'y dévouer. Je ne vous demande pas de faire part à la convention de mon offre, car je suis bien éloigné de me croire un personnage assez important pour qu'elle s'occupe de moi ; mais j'ai été appelé deux fois au conseil de celui qui fut mon maître, dans le temps que cette fonction était ambitionnée par tout le monde : je lui dois le même service, lorsque c'est une fonction que bien des gens trouvent dangereuse. Si je connaissais un moyen possible pour lui faire connaître mes dispositions, je ne prendrais pas la liberté de m'adresser à vous. J'ai pensé que, dans la place que vous occupez, vous aurez plus de moyens que personne pour lui faire passer cet avis. Je suis avec respect.

Signé LAMOIGNON DE MALESHERBES.

Quatre autres lettres parvinrent au président de la convention : la première, signée *Gustave Graindorge*, ci-devant *Menil-Durant*, adjudant général de l'armée ; la seconde, signée *Sourdat*, habitant de Troyes ; la troisième, signée *Huet-de-Guerville*, ci-devant avocat au parlement de Normandie ; et la quatrième, signée *Guillaume*, ci-devant avocat au conseil, et membre de l'assemblée constituante. Tous offraient de se charger de la défense de Louis XVI. Une députation de la convention se rendit au Temple pour en instruire ce prince. Il écouta avec la plus grande attention leurs noms, et, après un moment de silence, il dit:

« Je suis sensible aux offres que me font les personnes qui demandent à me servir de conseil, et je vous prie de leur en témoigner ma reconnaissance. J'accepte M. de Malesherbes pour mon conseil, et je me concerterai avec lui pour me choisir un second, si M. Tronchet ne peut me prêter ses services (1). »

Louis XVI, privé de la satisfaction de voir sa famille, fit une nouvelle tentative auprès des

---

(1) Plusieurs autres personnes s'empressèrent de concourir à la défense du Roi. M. Dalmas adressa à M. de Malesherbes un écrit pour la défense de Louis XVI. MM. de Septeuil, Degraves, de Narbonne, de Bouillé, de Bertrand de Molleville, Cazalès, Malouet, Lally-Tolendal écrivirent pour avoir l'honneur de défendre Louis XVI. Il parut un grand nombre d'écrits en faveur du monarque. Une femme même (Olympe de Gouges), écrivit à la convention et demanda à défendre ce prince, conjointement avec M. de Malesherbes: la convention passa à l'ordre du jour sur cette demande, attendu l'acceptation de M. Tronchet. Olympe de Gouges périt sur l'échafaud, le 2 de novembre 1793.

commissaires de service à la tour. Il les aborda, la constitution à la main, et leur dit :

» Messieurs, voici deux jours que je suis privé de voir ma famille. J'ai fait notifier hier au conseil que je voulais communiquer avec elle : il n'y a point de loi qui m'en empêche. »

Les commissaires se retranchèrent sur ce qu'ils attendaient des ordres de la commune.

De son côté, la Reine s'obstinait à vouloir communiquer avec son époux. « C'est une tyrannie (disait-elle) de priver une épouse de donner des consolations à son époux malheureux. Montrez-moi la loi qui s'y oppose. »

Sur le refus constant qu'elle essuya, elle imagina une autre manière d'être instruite de tout ce qui se passait.

« Faites-moi passer le *journal des Débats*. Dans les circonstances actuelles, il y a des choses qui m'intéressent personnellement. D'ailleurs, j'ai toujours pris beaucoup de part aux intérêts de la France...»

Cette princesse éprouva le même refus.

La convention, après avoir décrété, dans la séance du 15 décembre, que Louis pourrait communiquer avec sa famille, revint sur ce décret, et statua que Louis pourrait voir ses enfans, lesquels

quels ne pourraient, jusqu'à son jugement dé-
finitif, communiquer avec leur mère et avec leur
tante.

Ce décret imposa un nouveau sacrifice au
Monarque ; pour ne pas affliger la reine, il se
priva de la consolation de voir ses enfans. Mais,
depuis cet instant, il ne sortait plus de sa chambre.
Plusieurs fois on lui proposa de descendre dans
le jardin, et toujours il refusa. *Je ne peux me
résoudre à sortir seul,* disait-il ; *la promenade
ne m'était agréable qu'autant que j'en jouis-
sais avec ma famille.*

Le 15, quatre commissaires de la convention se présentèrent au Temple pour remettre
au Roi *les copies collationnées des pièces pro-
bantes de ses crimes,* et pour lui donner communication des originaux des pièces qui ne lui
avaient point été présentées à la barre, et constater s'il les avait reconnues. Cette opération
dura depuis quatre heures du soir jusqu'à minuit. Le Roi conserva, pendant cette longue
séance, toute sa liberté d'esprit. Ayant pris la
tabatière de M. Tronchet, il vit, que d'un côté
était une figure de la liberté, et de l'autre l'aris-
tocratie. Le Roi, montrant ce dernier côté, dit
en riant : «Je n'aurais pas cru trouver sur la
tabatière de M. Tronchet, une figure prêchant

la contre-révolution. » Tronchet répondit: *C'est une figure de vieille date.*

Les mêmes commissaires revinrent le 20 du même mois, pour présenter au Roi de nouvelles pièces, qu'il signa et parapha. (1)

Le 17, sur la demande qu'en firent MM. de Malesherbes et Tronchet, la convention autorisa Louis XVI à prendre M. Desèze pour son troisième conseil. Dans l'intervalle qui s'écoula entre les deux comparutions de Louis à la barre, il eut la liberté de s'entretenir avec ses trois défenseurs, tant de sa situation que de ses moyens de défense. Ils avaient l'attention, M. de Malesherbes sur-tout, de lui apporter des journaux, et les opinions que les députés émettaient sur son procès. Le Roi lisait tout et en paraissait souvent très-affecté.

La privation de ses rasoirs avait donné à sa barbe le temps de grandir, et il en était fort incommodé. Sans cesse il se frottait le menton

______

(1) Cinquante-une pièces *accusatrices* furent présentées au Roi à la barre de la convention nationale ; cent trente-neuf lui furent portées au Temple par des commissaires de cette assemblée ; enfin, trente-huit lui furent encore portées.

avec la main. Ne pouvant supporter plus long-temps cette incommodité, il dit à Cléry:

« Descendez au conseil, et demandez un ra-soir ou des ciseaux : je ne puis plus résister à cette démangeaison. »

Le conseil ne crut pas devoir prendre sur lui de lui donner satisfaction. Il en référa, le 22, au conseil général de la commune, qui permit qu'on confiat des rasoirs à Louis, après s'être déchargé de toute responsablité *autre que celle de la personne du prisonnier, sans répondre de sa vie.*

La convention, par un décret en date du 15, avait fixé au 26 du même mois la nouvelle com-parution de Louis à la barre, à l'effet d'y être en-tendu dans ses défenses. La Reine avait conservé quelque lueur d'espoir. « Je suis plus tranquille, » (disait-elle) depuis que l'on a accordé des dé-» fenseurs au Roi, et sur-tout depuis que je sais » que M. de Malesherbes est auprès de lui. C'est » un homme si respectable, que je pense qu'on » aura quelques égards à ce qu'il dira. »

Il paraît que le Monarque ne conservait aucune espérance; et ce qui porte à le croire, est son tes-tament, qu'il dressa avant d'être entendu dans sa défense. Ce grand monument sera consacré

8 *

dans l'histoire, et nos neveux s'étonneront sans doute que cette pièce ait été rendue publique.

Louis parut beaucoup plus tranquille après la rédaction de ce testament, qui lui coûta trois jours de travail, et qui fut terminée le 25 décembre. Il le témoigna même à M. de Malesherbes, en ces mots :

« J'ai rangé mes petites affaires ; maintenant ils » peuvent faire de moi ce qu'ils voudront. »

M. Deseze (1) lui lut le discours qu'il devait prononcer pour sa défense à la convention nationale. Ce discours était terminé par une péroraison des plus touchantes, et qui tira même des larmes des yeux des trois conseils. Le Roi en était lui-même ému : mais bientôt, reprenant toute sa fermeté, il remercia son éloquent défenseur de son intention, en lui disant :

Rayez ce passage ; je ne veux pas attendrir.

Ce dévouement, cet abandon de soi-même est sublime, et ce peu de mots passera à la postérité.

------

(1) On fit dans le temps ce quatrain sur les trois défenseurs du Roi :

Quand Desèze à Tronchet, à Lamoignon s'unit,
Pour prendre de Louis la trop juste défense,
C'est la vertu, la raison et l'esprit,
Qui combattent pour l'innocence.

Le 26, Louis XVI fut traduit pour la seconde fois à la barre de la convention nationale. Lorsqu'on lui annonça que l'instant était arrivé, il s'écria :

Ah ! tant mieux ! j'attendais ce moment avec impatience.

Le rapport fait à la commune sur cette seconde translation, est une nouvelle preuve du calme qu'avait conservé ce Monarque infortuné.

» .... Arrivés au Temple, le maire, le procureur de la commune, quelques commissaires de service, le commandant général et moi, nous sommes montés à la tour. On a notifié à l'instant au prisonnier qu'il eût à se transporter à la convention. Louis est descendu sur-le-champ ; il était alors neuf heures et demie.

» Il s'est rendu à la voiture, en faisant attention au détachement de la cavalerie de l'école militaire, dont il ne connaissait pas la formation ; mais il a témoigné là, comme dans toute la marche, le plus grand sang-froid et la plus parfaite tranquillité. Il faut que cet homme soit fanatisé, car il est impossible d'expliquer autrement comment l'on peut être aussi tranquille avec tant de sujets de craindre.

» Monté en voiture, il a pris part à la conversation, qui a été assez soutenue, sur la littérature et spécialement sur quelques auteurs latins. Il a donné son avis sur tout avec beaucoup de justesse, et m'a paru fort curieux de faire voir qu'il était instruit. Quelqu'un a dit qu'il n'aimait pas Sénèque, parce que son amour pou. les richesses contrastait fort avec sa prétendue philosophie, et qu'on ne pouvait pas lui pardonner d'avoir osé pallier au sénat les crimes de Néron. Cette réflexion n'a pas paru l'affecter. En parlant de Tite-Live, il a dit qu'il s'était plu à composer de longues harangues qui n'avaient sûrement jamais été prononcées que dans le cabinet ; car, a-t-il ajouté, il est impossible que des généraux aient pu les prononcer à la tête de leurs armées. Il a dit de plus, en parlant de Tite-Live, que son style était bien opposé à celui de Tacite. »

On lit dans un autre rapport :

« Jamais journée ne s'est passée avec autant de calme : le plus grand silence a régné parmi les innombrables bataillons armés pour protéger le passage de Louis XVI ; et parmi la foule immense de citoyens rassemblés pour contempler le spectacle imposant d'un roi renversé du trône, on a remarqué que Louis XVI avait un air plus rassuré et moins sombre que la dernière fois qu'il s'est présenté à la barre : il parlait familièrement avec l'un de ses conseils, qui était dans la voiture. Comme il pleuvait beaucoup, et que le vent était fort, l'ex-Monarque a demandé que l'on fermât les jalousies ; mais cette demande lui a été refusée, dans la crainte de faire naître quelque mécontentement parmi les spectateurs. »

A l'arrivée de Louis XVI et de ses conseils à la convention, le plus profond silence régnait parmi les représentans du peuple et les spectateurs.

Le président prend la parole et dit :

Louis, la convention nationale a ordonné que vous seriez entendu aujourd'hui ; vous pouvez présenter vos défenses et vous asseoir.

Alors, M. Desèse l'un des défenseurs du Roi, dans un discours, chef-d'œuvre de raisonnement et d'éloquence, présente le tableau le plus frappant de l'innocence du Monarque. L'orateur parle pendant deux heures et demie, et termine son intéressant plaidoyer par cette péroraison :

« Français, la révolution qui vous régénère a développé en vous de grandes vertus ; mais craignez qu'elle n'ait affaibli dans vos âmes le sentiment de l'humanité, sans lequel il ne peut y en avoir que de fausses.

» Entendez d'avance l'histoire qui redira à la renommée :

» Louis était monté sur le trône à vingt ans, et à vingt ans il donna sur le trône l'exemple des mœurs. Il n'y porta aucune faiblesse coupable, ni aucune passion corruptrice ; il y fut économe, juste, sévère ; il s'y montra toujours l'ami constant du peuple. Le peuple désirait la destruction d'un impôt désastreux qui pesait sur lui ; il le détruisit. Le peuple demandait l'abolition de la servitude ; il commença par l'abolir lui-même dans ses domaines. Le peuple sollicitait des réformes dans la législation criminelle, pour l'adoucissement du sort des accusés ; il fit ces réformes. Le peuple voulait que des milliers de Français, que la rigueur de nos usages avait privé jusqu'alors des droits qui appartiennent aux citoyens, acquissent ces droits ou les recouvrassent ; il les en fit jouir par ses lois. Le peuple voulut la liberté ; il la lui donna : il vint même au-devant de lui par ses sacrifices ; et, cependant, c'est au nom de ce même peuple qu'on demande aujourd'hui !.. Citoyens, je n'achève pas... Je m'arrête devant l'histoire. Songez qu'elle jugera votre jugement, et que le sien sera celui des siècles (1). »

------

(1) *Voyez* le discours en entier, qui se trouve dans le procès des Bourbons.

Le Roi se leva ensuite, et d'un ton ferme, mêlé de sensibilité, il prononça ces mots :

« On vient de vous exposer mes moyens de défense : je ne les renouvellerai point. En vous parlant peut-être pour la dernière fois, je vous déclare que ma conscience ne me reproche rien, et que mes défenseurs ne vous ont dit que la vérité.

» Je n'ai jamais craint que ma conduite fut examinée publiquement ; mais mon cœur est déchiré de trouver dans l'acte d'accusation, l'imputation d'avoir voulu faire répandre le sang du peuple, et sur-tout que les malheurs du 10 août me soient attribués.

» J'avoue que les preuves multipliées que j'avais données dans tous les temps, de mon amour pour le peuple, et la manière dont je m'étais toujours conduit, me paraissaient devoir prouver que je craignais peu de m'exposer pour épargner son sang, et éloigner à jamais de moi une pareille imputation. »

Le commissaire termine ainsi le compte qu'il rend au conseil général de la commune, de la translation de Louis XVI :

« ... Revenu dans la même salle où il avait attendu en arrivant, il s'est beaucoup occupé de son défenseur Desèze, qui était fort échauffé.

Louis a demandé lui-même s'il n'y avait pas moyen de le faire changer, en observant qu'il avait parlé pendant plus de trois heures.

» Nous sommes remontés en voiture. Il a conservé le même calme, la même sérénité que s'il eût été dans une position ordinaire. En passant devant le dépôt des ci-devant gardes-françaises, il a remarqué, avec beaucoup d'étonnement, la superbe maison que l'on bâtit sur cet emplacement.

» Un peu plus loin, il me dit en plaisantant, sur ce que j'avais mon chapeau sur la tête :

» La dernière fois que vous êtes venu, vous aviez oublié votre chapeau, vous avez été plus soigneux aujourd'hui.

» Peut-être m'a-t-il fait cette observation sans dessein particulier ; peut-être aussi, se rappelant ses anciennes prérogatives, a-t-il voulu me témoigner que, dans son système, je devais tenir chapeau bas devant lui...

» A propos de l'indisposition du procureur de la commune, la conversation est tombée sur les hôpitaux de Paris. Il a fait des réflexions sur la dépense de ces maisons. Il a dit qu'il serait utile d'en instituer dans chaque section ; que les pauvres en seraient bien mieux soignés et plus soulagés. Il a fait ensuite diverses questions à Chaumette. Il lui a demandé de quel pays il était; quelles étaient ses occupations; il a même porté la curiosité jusqu'à lui demander des détails de sa famille.

» Puis, comme en allant, je saluai plusieurs de mes camarades que je reconnaissais, il m'a dit : les personnes que vous saluez sont-elles de votre section ? — Non, ce sont des membres de l'ancien conseil général, que je vois avec plaisir s'occuper du soin de maintenir l'ordre...

» Il a pris ensuite la boîte du maire ; il lui a demandé si le portrait qui était gravé sur un côté, était celui de sa femme ; mais avant que le maire pût lui répondre, la conversation a été coupée par des cris de *fermez les fenêtres : fermez les fenêtres !* Sur cela il a dit: *C'est abominable !* C'est une mesure de sûreté que l'on a prise, lui a dit Chaumette ; l'on a défendu d'ouvrir les fenêtres. — Je croyais que l'on criait: *Vive la Fayette !* Ce serait une sottise.

» Sans doute que Louis Capet s'occupait en cet instant de la différence qu'il y avait entre la garde brillante de la Fayette et celle qui l'escortait, composée en grande partie de sans-culottes... »

Arrivés au Temple, les officiers municipaux qui avaient accompagné Louis XVI à la barre, le remirent entre les mains des commissaires de service, en prirent décharge et se retirèrent.

La convention avait décrété, le 26, que la dis-discussion sur Louis XVI serait continuée, toute affaire cessante, jusqu'à la prononciation de son jugement. Le Roi voyait tous les jours ses trois conseils, et le calme de sa conscience se répandait sur ses traits. Il attendait ce jugement avec confiance et résignation. Il était loin, cependant, de conserver un espoir frivole et chimérique. En vain ses défenseurs faisaient tous leurs efforts pour lui faire espérer que tout se réduirait à la réclusion ou à la déportation... *Puissent-ils*, répondait ce Prince, *puissent-ils avoir cette modération pour ma famille! Je n'ai de crainte que pour elle.*

La vue de M. de Malesherbes était son unique consolation. Cet homme respectable reçut, dans les premiers jours de janvier, une lettre d'un Anglais, qui s'exprimait ainsi sur l'infortuné Louis XVI :

« Ce qui doit rassurer les âmes généreuses et » sensibles, c'est que le plus malheureux des rois » a pour défenseur le plus vertueux des hom- » mes. »

Dans sa réponse, M. de Malesherbes disait :

Si mes efforts sont vains, le défenseur du plus vertueux des rois sera le plus malheureux des hommes.

(125)

Ce vénérable vieillard était très-assidu auprès de l'auguste victime. « Revenez bientôt, mon cher
» Malesherbes, (lui disait le Roi, chaque fois qu'il
» le quittait) j'ai besoin de vous voir souvent dans
» cet instant critique. Je suis importun, je le sens :
» mais je sais que vous me le pardonnerez. »

Le 16 de janvier, la convention déclare Louis XVI convaincu d'attentat contre la liberté et de conspiration contre la sûreté de l'Etat.

A la majorité de 424 voix sur 707, il est statué que ce décret ne sera pas soumis à l'appel au peuple.

Le lendemain 17, la peine de mort est prononcée contre Louis XVI, à la majorité de 366 voix sur 721. (1)

M. de Malesherbes reparaît dans la tour du Temple. Il s'est chargé de la tâche pénible d'annoncer à son roi ce jugement terrible.....
Prince!... vous avez du courage.....
Les sanglots l'empêchent d'en dire davantage;

______

(1) On croirait difficilement, si le fait n'était pas consigné dans un arrêté de la commune de Paris, que cette autorité invita les habitans de cette grande cité à illuminer leurs maisons le 17 janvier ; un autre fait du même genre, c'est que le théâtre français afficha, le 20 janvier, *la mort de Brutus.*

mais ces mots suffisent. Louis répond avec fermeté:

Tant mieux! cela me tire d'incertitude.

Il désire connaître les détails: mais M. de Malesherbes ne lui répond que par des larmes et par l'expression de la plus vive douleur. Louis cherche à consoler le sensible vieillard......

Si vous m'aimez, mon cher Malesherbes, pourquoi m'envier le seul asile qui me reste? Ne pleurez pas! nous nous reverrons dans un monde plus heureux.

Sans en attendre aucun résultat favorable, Louis avait tracé l'écrit suivant qu'il avait confié à son généreux défenseur:

« Je dois à mon honneur, je dois à ma famille
» de ne point souscrire à un jugement qui m'ac-
» cuse d'un crime que je ne puis me reprocher.
» En conséquence, je déclare que j'interjette appel
» à la nation elle-même du jugement de ses re-
» présentans; et je donne, par ces présentes, à
» mes défenseurs le pouvoir spécial, et je charge
» expressément leur fidélité de faire connaître cet
» appel à la convention nationale, par tous les
» moyens qui seront en leur pouvoir, et de de-
» mander qu'il en soit fait mention dans le procès-
» verbal de ses séances.

» Fait à la tour du Temple, le 18 janvier 1793. »

Après le départ de M. de Malesherbes, ce Prince oubliant sa propre situation pour ne s'occuper que de celle d'autrui, dit à son valet-de-chambre :

La douleur de ce bon vieillard m'a vivement ému. (1)

Les défenseurs de Louis XVI, qui demandèrent plusieurs fois, en son nom, à parler à la convention pendant le dernier appel nominal, ne furent admis qu'à la fin de cet appel qui dévouait la victime au glaive des bourreaux. Une espèce de stupeur régnait dans l'assemblée, comme si elle eût été étonnée du coup qu'elle venait de frapper. Tout-à-coup, les yeux baignés de larmes et la douleur peinte dans tous leurs traits, paraissent à la barre les trois défenseurs du Monarque sur le le sort duquel on vient de prononcer. L'un d'eux (M. Deseze) élève la voix et dit :

CITOYENS REPRÉSENTANS DE LA NATION,

« La loi et vos décrets nous ont confié le ministère sacré de la défense de *Louis ;* nous venons

____

(1) Le vertueux Malesherbes, dont la personne devait être sacrée, depuis qu'il avait rempli son auguste ministère près de Louis XVI, vivait tranquillement à la campage lorsqu'il fut arrêté. Il périt sur l'échafaud, le 22 d'avril 1794.

avec douleur en exercer aujourd'hui le dernier acte. *Louis* nous a donné la mission expresse et a chargé notre fidélité du devoir de vous transmettre l'écrit ci-joint de sa main, et signé de lui. Si vous le permettez, je vous en ferai lecture. »

Le président invite M. Deseze à continuer ; et l'orateur donne lecture de l'appel de Louis.

Les trois défenseurs parlent tour-à-tour avec cette éloquence qui a tant d'empire sur les âmes justes et sensibles. On les entend à travers leurs larmes, leurs sanglots, démontrer la légitimité de l'appel interjetté par Louis XVI, discuter le décret de mort de la convention, prononcé à une majorité de cinq voix, tandis que la moitié de l'assemblée (moins les cinq voix) exigeait une autre décision ; tandis que dans les tribunaux criminels, nul ne peut, d'après le code pénal, base du décret qui vient d'être prononcé, être condamné à mort que par une majorité des deux tiers des voix. Ils conjurent, ils supplient la convention de peser de nouveau la question de l'appel, et d'accorder à l'humanité et à l'intérêt de la patrie, tout ce que la justice réclame en faveur de l'accusé.

La convention rejetta l'appel interjetté par Louis XVI, et défendit à qui que ce soit d'y donner aucune suite, à peine d'être poursuivi

et

et puni comme coupable d'attentat contre la sûreté générale de la république. Elle ordonna que le décret de mort serait exécuté dans les vingt-quatre heures, à compter de sa notification.

Dès le jeudi 17, le conseil général avait arrêté que, provisoirement, les commissaires de garde au Temple garderaient Louis XVI à vue, et que toute communication entre ce prisonnier et ses conseils serait suspendue, jusqu'à ce que la convention eût prononcé. M. de Malesherbes se présenta plusieurs fois au Temple et ne fut point admis. Louis XVI prit le parti de remettre aux commissaires la lettre suivante.

« Je prie MM. les commissaires de la commune d'envoyer au conseil général mes réclamations, 1°. sur l'arrêté du jeudi, qui ordonne que je ne serai perdu de vue ni jour ni nuit. On doit sentir que, dans la situation où je me trouve, il est pénible de ne pouvoir être seul et avoir la tranquillité nécessaire pour me recueillir, et que la nuit on a besoin de repos ; 2°. sur l'arrêté qui m'interdit la faculté de voir mes conseils. Un décret de l'assemblée nationale m'avait accordé de les voir librement, sans fixer de terme, et je ne sache pas qu'il soit révoqué. »   *Signé* Louis.

Lorsque ce prince fut informé que la convention avait rejetté son appel au peuple, il dit:

« Je m'y étais attendu, et je n'aurais pas écrit ma dernière lettre aux représentans de la nation, si je n'avais été convaincu qu'elle pouvait être plus utile au peuple qu'à moi. Puisque la convention n'a pas cru devoir prendre ma demande en considération, je suis prêt à subir mon sort. Puisse le sacrifice de ma vie faire le bonheur du peuple ! »

On ne peut assez admirer la fermeté et la présence d'esprit du Monarque, depuis sa condamnation jusqu'à sa mort.

Le dimanche 20, le ministre de la justice, alors président du conseil exécutif provisoire, se rendit au Temple, pour notifier à Louis XVI les décrets qui prononçaient sur son sort. Ce prince en entendit la lecture sans qu'il parut la plus légère altération dans ses traits. Il conserva cette sérénité d'âme qui faisait le plus bel appanage de sa personne. Elle fut telle qu'il remarqua le ton décent de celui qui lui lut le décret de la convention nationale.

Après en avoir pris l'expédition, qu'il mit dans sa poche, il présenta un papier au ministre, en le priant de le remettre, sur-le-champ, à la convention. Il s'aperçut que le ministre hésitait ; il ajouta : *je vais vous en faire lecture ;* et il lut ce qui suit, écrit en entier de sa main.

« Je demande un délai de trois jours pour pouvoir me préparer à paraître devant Dieu : je demande pour cela de pouvoir voir librement la personne que j'indiquerai aux commissaires de la commune, et que cette personne soit à l'abri de toute crainte et de toute inquiétude pour cet acte de charité qu'elle remplira auprès de moi.

» Je demande d'être délivré de la surveillance perpétuelle que le conseil général a établie depuis quelques jours.

» Je demande, dans cet intervalle, de pouvoir voir ma famille quand je le demanderai et sans témoins ; je désirerais que la convention nationale s'occupât tout de suite du sort de ma famille, et qu'elle lui permit de se retirer librement où elle le jugera à propos.

» Je recommande à la bienfaisance de la nation, toutes les personnes qui m'étaient attachées : il y en a beaucoup qui avaient mis toute leur fortune dans leurs charges, et qui, n'ayant plus d'appointemens, doivent être dans le besoin, et même celles qui ne vivaient que de leurs appointemens. Dans les pensionnaires, l y a beaucoup de vieillards, de femmes et

9 *

d'enfans, qui n'avaient que cela pour vivre. »

Louis remit ensuite, à l'un des commissaires de la commune, une note d'une autre écriture que la sienne, qui désignait l'ecclésiastique qui devait lui apporter les consolations de la religion. C'était M. Edgeworth, ou Fermon, demeurant rue du Bac, n.º 483.

Le ministre ayant rendu compte à la convention nationale de cette notification, l'assemblée décréta qu'il était libre à Louis d'appeler tel ministre du culte qu'il jugerait à propos, et de voir sa famille sans témoins. Elle autorisa le conseil exécutif à lui répondre que la nation, toujours grande et toujours juste, s'occuperait du sort de sa famille.

Sur la réclamation relative aux créanciers de sa maison, elle passa à l'ordre du jour, motivé sur ce qu'ils avaient le droit de se présenter pour demander leur paiement et de justes indemnités.

Enfin, elle passa également à l'ordre du jour sur la demande faite par Louis qu'il fut sursis, pendant trois jours, à l'exécution du jugement.

Après le départ du ministre de la justice, Louis demanda à être seul, et il resta seul, en effet, pendant quelques heures : mais on le voyait. Il resta debout pendant une demi-heure, dans l'attitude d'un homme qui réfléchit. Il rompit ce silence en faisant un mouvement de vivacité, et se promena ensuite dans sa chambre, en rêvant et manifestant des inquiétudes.

Parmi les officiers municipaux à la garde desquels il était confié, se trouvait *Mercereau*, ce fameux tailleur de pierres, qui, avec son tablier de maçon, son chapeau à trois cornes, rabattu sur le devant, présida le conseil-général de la commune. Louis sortit enfin de sa chambre, et vint dans celle des commissaires, qui était vis-à-vis. Il y entra d'un pas grave et lent : il s'y promena en divers sens, sans donner à ses pas une direction suivie. Ses regards se portèrent de tous les côtés ; ils se fixèrent enfin sur la déclaration des droits de l'homme, qui se trouvait en tête du tableau de la constitution française, suspendu à la muraille ; et en indiquant du doigt l'article viii, il dit à Mercereau : *Si on avait bien suivi cet article, on aurait évité bien du désordre.* Mercereau répondit, sans trop savoir sans doute ce qu'il disait : *c'est vrai.*

Cet article portait :

« La loi ne doit établir que des peines strictement et évidemment nécessaires : nul ne peut être puni qu'en vertu d'une loi établie et promulguée antérieurement au délit, et légalement appliquée. »

Le ministre de la justice revint au Temple vers les six heures du soir, pour rendre compte à Louis de la décision de l'assemblée. Le Roi l'écouta et se tut.

L'ecclésiastique qu'il avait demandé était venu dans la voiture du ministre. Il parut ; le Roi le fit entrer dans la tourelle et s'enferma avec lui.

Vers huit heures du soir, le Roi sortit de la tourelle, en disant à M. de Fermon : « Restez ici. Il faut que, pour la dernière fois, j'aille voir ma famille ; cette épreuve est la plus cruelle ; quand cela sera fait, je ne m'occuperai plus que de mon salut. »

Il s'adresse à Mercereau, et lui dit qu'il va monter chez sa femme pour la voir, ainsi que ses enfans. Mercereau s'y oppose : « L'entrevue doit avoir lieu dans la salle à manger. — La convention n'a point désigné le lieu où je verrai ma famille. — Nous avons arrêté avec le ministre que ce serait ici. — Faites descendre ma famille. »

La Reine, ses enfans, la vertueuse Elisabeth se précipitent dans ses bras, à ses pieds. Le fatal mouchoir a prévenu sans doute cette famille éplorée de la perte qu'elle va faire de son chef ; car les premiers épanchemens sont des larmes, des sanglots. Marie-Antoinette perd un époux, ses enfans le père le plus tendre, Elisabeth un frère adoré : quel instant terrible ! quelle situation ! Ces infortunés l'entourent, le pressent, l'enlacent... Leur cœur est brisé, leur bouche est muette ; lui-même sent s'affaiblir cette fermeté, ce courage dont il a donné tant de preuves. C'est pour la dernière fois qu'il serre dans ses bras une sœur qu'il chérit depuis sa naissance, une épouse qui possède toute sa tendresse, deux enfans, objets de son ardent amour. Ces êtres intéressans vont être privés d'un père, d'un appui, d'un protecteur : que deviendront-ils ? Ces réflexions l'occupent, l'affligent, le torturent... Il se tait ; une demi-heure s'écoule ; pas un mot n'a encore été prononcé.

Enfin, le Roi rompt le silence ; mais l'entretien a lieu à voix basse : aucun mot n'est entendu, aucun son ne franchit cette enceinte ; les sanglots seuls qui souvent interrompent cette conférence douloureuse, sont entendus de la pièce voisine. L'entrevue dure sept quarts-d'heure.... Mais enfin, il faut se séparer ; quel effort pénible !... « *Nous vous reverrons ?* dit la Reine ; vous viendrez demain matin, n'est-ce pas ? »

Le Roi, pour comprimer la douleur de sa famille, lui promet ce qu'il est résolu de ne pas tenir...

« Oui, je vous reverrai demain matin, à huit
heures. — Pourquoi pas à sept? dit la Reine.
— Eh bien, oui, à sept. Adieu!... »

Madame Royale tombe évanouie aux pieds
de son auguste père, qui sent redoubler ses
tourmens. On relève la princesse, on l'arrache à
ce lieu de douleur, et Louis dit encore, d'une
voix étouffée, le dernier adieu à ces êtres souf-
frans, si chers à son cœur.

Qu'on se figure, s'il est possible, cette cruelle
séparation!...

La Reine éplorée, les deux princesses, le jeune
prince, également baignés de larmes, remontent
à leur appartement, en jetant les cris du désespoir. *Les bourreaux! les bourreaux!* s'écrie
Marie-Antoinette... Rentrée dans son appartement, elle s'adresse à son fils et lui dit:

*Apprenez, mon fils, par les malheurs de
votre père, si jamais vous montez sur le trône,
à ne pas vous venger de sa mort.*

On se rappelle le mouvement de cet enfant
infortuné, s'échappant des bras de sa mère et
criant à la sentinelle qui l'arrêtait:

*Laissez-moi passer, je vais demander au
peuple qu'il ne fasse pas mourir papa Roi.*

Louis alla retrouver son consolateur... *Le pénible sacrifice est fait*, lui dit-il; *ne songeons qu'à mon salut.*

La veille de sa destruction, il soupa avec appétit, et s'entretint de choses étrangères à sa situation : c'était Socrate buvant la ciguë; lorsqu'il y ramenait la conversation, il en parlait avec la tranquillité d'un homme qui ne fait qu'entrevoir son sort dans l'avenir :

« Un temps (s'écriait-il tout-à-coup), un temps viendra où le peuple pleurera ma perte; oui, il rendra justice à ma mémoire, quand il saura la vérité, quand il aura recouvré la liberté de se montrer juste; mais, hélas! jusqu'à ce temps il sera bien malheureux.

J'ai besoin de forces pour le voyage que j'ai à faire, dit-il enfin; *je vais en chercher dans le repos.*

En effet, il se met au lit, il s'endort tranquillement jusqu'à cinq heures du matin.

Ses juges jouirent-ils tous d'un sommeil aussi paisible?...

TABLEAU

DU 21 JANVIER 1793.

Exoidat illa dies...

LE jour de deuil est arrivé; la mort plane sur
la tête de l'auguste victime, et la victime dort
du sommeil du juste. Son réveil a néanmoins
devancé l'aurore : Louis a donné à son fidèle
serviteur l'ordre de le rendre, dès cinq heures du
matin, à l'horrible sentiment de ses malheurs.
Cinq heures sonnent... Louis s'éveille:

J'ai bien dormi. J'en avais besoin; la jour-
née d'hier m'avait fatigué.

La journée d'hier!...

Cinq heures sonnent... Louis s'éveille! Encore
cinq heures, et Louis s'endormira pour ne plus
s'éveiller!

Le silence le plus profond règne dans la vaste
cité; c'est le calme des tombeaux; on n'entend
pas même ce bruit sourd occasionné par l'arri-
vage des subsistances que, de tous les environs
de la capitale, de nombreux pourvoyeurs vien-

nent déposer chaque jour pour fournir à l'effrayante consommation de ses habitans. La consternation, la terreur ont paralysé tous les bras,
ont enchaîné tous les mouvemens, ont suspendu
tous les travaux ; tout est muet, silencieux ,
inactif, dans l'attente de l'événement inoui dont
on semble douter encore.

Combien cette nuit a été terrible ! combien
elle a coûté de larmes aux âmes sensibles, aux
amis de l'humanité !

Combien d'individus, le front prosterné sur
la terre, ont veillé en invoquant le Père des
miséricordes !

Paris ! reine des cités ! quel sentiment profond
de douleur et d'effroi a glacé tous les habitans
qui vivent dans ton enceinte !...

Tous sont frappés de stupeur ; tous !.. même
ceux qui, par exaltation, par erreur, ou par un
faux calcul, entraînés par le torrent, obéissant
à l'impulsion ou cédant à la crainte, ont cru
devoir prononcer le fatal arrêt ; tous !... même
ceux qui, dès long-temps, ont préparé cet affreux attentat.

Oh ! s'il était possible de pénétrer dans l'asile
solitaire de chaque habitant de cette ville immense, s'il était donné à l'œil de l'homme de
percer à travers les murs qui voilent les actions
des individus qu'ils renferment, quel tableau

d'effroi, de douleur, de regrets... et peut-être...
de remords!...

La plus vive agitation a régné dans tous les
esprits. On oublie tout, on oublie jusqu'à son
existence; un seul objet fixe la pensée : il s'empare de toutes les facultés de l'âme; tous les regards semblent dirigés vers l'enceinte antique
où ce prince qui régna sur les Français; où le
descendant du bon Henri souffrit constamment
tant d'outrages; où il fut, pendant plus de cinq
mois, abreuvé d'amertume. Ils pénètrent en esprit dans cet asile de la douleur : ils entendent
les cris aigus d'une Reine, d'une épouse, d'une
mère; les plaintes, les regrets touchans d'un fils,
d'une fille adorée; les gémissemens sourds d'une
sœur, et les ardentes prières qui, du fond de
son cœur, s'élèvent jusqu'au trône de l'Eternel.
Ils y distinguent le monarque qui, dans d'autres temps, fut l'idole du peuple français, et qui,
près de périr sur l'échafaud, forme encore des
vœux pour le bonheur de ce même peuple.
Forcé d'abandonner pour jamais tous les objets
de son affection, il s'achemine sans effroi vers le
terme où la mort l'attend; ils le suivent sur cette
place où, vingt-trois ans auparavant, le désastre
le plus affreux sembla présager les événemens
les plus funestes!...

Ils sont accomplis, ces horribles présages !

Déjà j'aperçois les apprêts du supplice ; déjà l'é-
difice de mort est placé, et, semblable à l'épée
de Damoclès, le glaive suspendu étincèle et menace... Bientôt le sacrifice sera consommé!

Et dans ce désordre général, la victime seule
est calme ; toute entière à la religion, elle ne
voit que le ciel : elle tourne ses regards vers ce
Dieu, source de toute justice, arbitre suprême
des peuples et des Rois ; et elle se sent résignée.

Cependant, un dernier devoir lui reste à
remplir. Un ministre du Très-Haut veille sur
les derniers instans du Monarque ; il le console
par le tableau du bonheur qui l'attend dans une
autre vie : ce ministre vénérable peut offrir le
dernier sacrifice...

A la voix de Louis, sa prison devient un temple : un meuble se convertit en autel, des flam-
beaux ordinaires remplacent les candelabres,
la bougie tient lieu de cierges ; la nouvelle pa-
roisse de Saint-François-d'Assises fournit les
vases sacrés et les ornemens sacerdotaux. Six
heures sonnent, et la cérémonie religieuse commence.

Louis assiste pour la dernière fois aux divins
mystères, avec le recueillement le plus profond ;
il s'adresse avec ferveur à ce Dieu de bonté qui,
dans quelques instans, va le recevoir dans son
sein ; il puise dans le sacrifice de nouvelles for-

ces; toutes ses pensées se détachent de ce monde périssable, pour s'élever vers le séjour céleste où l'attend une couronne immortelle... Il s'unit plus intimement à Dieu en recevant le pain eucharistique, le pain des anges.

Les ténèbres ont disparu ; le jour renaît, mais un jour sombre et douteux ; un crêpe funèbre est étendu sur toute la nature ; jamais l'astre des jours, en éclairant le sol français, n'a prêté sa lumière à une catastrophe aussi terrible : il n'éclairera point cette scène de deuil ; il reste constamment caché ; l'atmosphère est chargée d'un brouillard épais et fétide.

Un voile est suspendu entre le ciel et la terre.

Tout-à-coup ce silence de mort est interrompu par les sons aigus de la trompette, par le roulement des tambours et par le bruit des armes ; la générale se fait entendre dans tous les quartiers de la capitale, et redouble l'alarme et la douleur universelles. Le mouvement des chevaux, leur course rapide, le transport de ces bouches d'airain qui vomissent la mort, tout porte dans l'âme des habitans la consternation et l'effroi. Une force imposante se dirige vers chacune des barrières ; aucun rassemblement, armé ou non armé, ne peut pénétrer dans Paris, ni sortir de son enceinte.

Tous les hommes qui doivent prendre les

armes, s'arrachent des bras de leurs épouses tremblantes, de leurs enfans éplorés, forcés de prêter leur ministère pour le maintien de la tranquillité publique; mais ces hommes armés sont les seuls qu'on rencontre dans les rues, dans les places publiques. Quelques instans ont suffi pour que les fonctionnaires publics et les employés se rendissent à leur poste; ces instans écoulés, Paris n'est plus qu'un vaste camp, qui n'offre que l'appareil des armes. Mais on n'aperçoit point sur le front des guerriers cette ardeur dont ils sont animés lorsqu'ils marchent au combat, cette allégresse qui éclate dans leurs yeux quand ils sont ceints des lauriers de la victoire: presque tous offrent la morne stupeur du guerrier dont le sort des combats a trahi le courage.

Partout où le service public n'exige point leur présence, les rues sont désertes, silencieuses; on les croirait inhabitées. Les quartiers éloignés ressemblent à de vastes solitudes, dépeuplées par le courroux d'un Dieu vengeur. Aucune fenêtre n'est ouverte; les habitans sont renfermés dans l'intérieur de leurs maisons : ils pleurent! ils prient! ils gémissent en silence!

Les hommes sensibles qui ont pris les armes, sont forcés de cacher les mouvemens qui les agitent; tous doivent paraître étrangers au sentiment de la pitié. Une voix lugubre, un calme morne, des regards sombres, des soupirs étouffés, quelques larmes qu'on tremble de laisser apercevoir, voilà le vrai tableau des amis de la justice, de la patrie et de l'humanité.

Tandis qu'on s'avance pour saisir la victime, et la traîner au lieu du supplice, un serviteur fidèle (1) du père de l'infortuné monarque a le courage de se présenter à l'assemblée. Son front est pâle, décoloré, ses traits sont renversés, ses yeux sont baignés de larmes : c'est la statue animée de la douleur. Hélas ! il ne vient point implorer la pitié pour l'auguste victime ; il ne se flatte point de sauver son Roi : ses faibles accens pourraient-ils opérer le prodige que n'ont pu obtenir les éloquens plaidoyers, les sages représentations, les argumens nerveux et sans réplique, les sanglots et les larmes des généreux défenseurs de Louis ? Non ! le décret de mort est porté ; il sait qu'il ne l'obtiendra point vivant, mais il le réclame mort : il demande, les larmes aux yeux, qu'il lui soit permis de porter à Sens la dépouille mortelle de ce prince, et de la placer dans le tombeau qui renferme les froides reliques de son père.

Sa demande n'est point accueillie, et le serviteur fidèle s'éloigne en gémissant, plus malheu-

____

(1) Ce fidèle serviteur se nommait l'abbé Leduc.

reux

reux encore que lorsqu'il s'est présenté.à la barre
de l'assemblée; il s'était flatté un instant de la
douce illusion de pouvoir arroser de ses larmes
les cendres de son auguste maître.

L'instant est arrivé; l'heure fatale se fait entendre : la porte de la chambre de Louis s'ouvre
avec fracas, et laisse voir le commandant de la
force armée, suivi de plusieurs officiers municipaux.

Vous venez me chercher? dit le prince sans
être ému. *Je vous demande une minute.*

Il rentre dans son cabinet, où l'attend son
confesseur; il en sort avec lui, et dit d'un ton
calme : *Partons.*

Sa présence d'esprit ne l'abandonne point à
son heure suprême; il prévoit tout, et s'adressant aux officiers municipaux, il leur dit:

*Je mets M. Edgeworth sous votre protec-
tion; je vous conjure de le préserver de toute
insulte après ma mort.*

Il descend d'un pas ferme, et traverse à pied
la première cour du Temple. Une double haie de
volontaires s'étend depuis la porte de sortie dans
la cour, jusqu'à la grande porte qui donne sur la
rue. Louis monte en voiture; les sons bruyans
des tambours et des trompettes annoncent son
départ du Temple, et ajoutent à l'effroi des personnes renfermées dans les maisons voisines.

Depuis l'entrevue de la veille, la famille royale était dans la plus grande consternation. MADAME avait perdu, à diverses reprises, l'usage de ses sens; le jeune prince pleurait amèrement.

Madame Elisabeth passa la plus grande partie de la nuit en prières, à genoux devant son lit.

Tantôt la Reine cherchait à consoler ses enfans; tantôt elle mêlait ses larmes à celles dont ils étaient baignés. Peu de paroles lui échappèrent. L'heure d'une dernière entrevue, qu'elle attendait avec la plus grande impatience, était passée... Quels tourmens elle éprouvait! Plusieurs fois elle dit à ses gardiens:

« Me refusera-t-on de dire le dernier adieu au Roi? Songez que c'est une épouse qui veut embrasser pour la dernière fois son époux. »

Le plus morne silence tenait lieu de réponse.

Mais au bruit des tambours, au mouvement des troupes, elle soupçonne l'affreuse vérité. Un saisissement subit la rend immobile pendant une minute; tout-à-coup elle se lève; elle se précipite vers la porte, vers la fenêtre... Ses enfans en pleurs la suivent; ils prononcent le nom sacré de père! ils appellent cet être révéré qu'ils ont perdu pour jamais!... Leurs voix sont étouffées par les sanglots; leur mère s'incline vers eux, elle les prend dans ses bras, elle les élève vers le ciel, comme pour invoquer la Providence en faveur de ces infortunés; elle les ramène sur son sein maternel, et les serrant étroitement dans ses bras, elle s'écrie douloureusement:

C'en est fait, nous ne le verrons plus!

La sensible, la religieuse Elisabeth frémit, lève les yeux au ciel, et dit d'une voix étouffée:

C'est un sacrifice qu'il faut offrir à Dieu.

Qu'on se peigne l'horrible situation de ces infortunés dans cette journée désastreuse.

Plus de dix mille hommes sont aux environs du Temple; une double haie borde à droite et à gauche l'espace à franchir depuis le Temple jusqu'à la place de mort; aucune voiture ne s'aperçoit, ne se fait entendre; et dans tous les quartiers où le Roi doit passer, à peine se trouve-t-il des issues pour ceux qui sont à pied: nul ne peut y paraître, s'il n'est armé d'un fusil, d'un sabre ou d'une pique.

La voiture part; elle est précédée et suivie d'une force armée imposante, tant à pied qu'à cheval; le cortége suit les boulevards lentement, et dans le plus grand silence. Sur celui de la porte Saint-Martin, une jeune fille, d'autant plus imprudente qu'elle avait une âme sensible, se trouve près d'une boutique à l'instant où le cortége s'avance; elle aperçoit le char funèbre qui conduit le monarque à la mort: frappée de l'idée terrible d'un Roi tombant sous la hache du bourreau, elle jette un cri perçant et s'évanouit. Quelques-uns de ces êtres abjects aux yeux desquels tout mouvement de sensibilité est un crime, s'approchent, et, nouveaux cannibales, ils la menacent de lui percer le sein; ils sont prêts à frapper... On l'entraîne, on la soustrait à leurs regards féroces.

Le cortége poursuit sa route; et Louis, étranger à tout ce qui l'entoure, récite avec un recueillement religieux les prières des agonisans.

Nous n'aurons point le courage de suivre la victime jusqu'au lieu du sacrifice : on sait que l'infortuné monarque déploya la plus grande fermeté, qu'il parut sur l'échafaud comme sur un char de triomphe, et qu'il mourut en pardonnant à ses ennemis.

On se rappelle l'adieu sublime de son religieux consolateur :

Allez, fils de Saint Louis, montez au ciel.

Cette journée coûta la vie à une foule de personnes sensibles, qui moururent de saisissement et de douleur; beaucoup d'autres périrent au bout de quelques jours, des suites de l'impression que fit sur elles ce funeste événement.

Si, dans des climats barbares, des esclaves se donnent la mort pour honorer les funérailles de leur maître, en France ce fut un sentiment plus noble, plus impérieux, qui précipita une foule de citoyens dans la tombe où venait de s'engloutir un Roi, objet de leur vénération et de leur amour.

Louis XVI, le modèle des Rois, n'est plus...! Froids égoïstes, politiques insensibles, vous avez dit : *Sa faiblesse l'a perdu.* Je réponds : *Au milieu de vous, hommes pervers, ses vertus l'ont perdu.* C'est une victime expiatoire ; c'est le digne fils de Saint Louis, c'est le second martyr ; c'est un ange qui s'est réuni à son auteur. Son sang est trop pur, il est trop précieux pour être racheté sur la terre. Point d'autre expiation que celle de nos larmes, de nos regrets, de nos prières... Il a pardonné à ses bourréaux... Il prie pour eux. . . . .

. . . .

Tel est le faible, mais fidèle tableau de cette journée de deuil et de calamité publique. Chaque année, à pareil jour, les amis du trône et de l'humanité, ne pouvant se prosterner aux pieds des autels, se renfermaient dans l'intérieur de leurs appartemens, et là, couverts de crêpes funèbres, et les yeux remplis des larmes amères de la douleur, ils adressaient à l'Eternel de ferventes prières, pour que le Dieu des miséricordes daignât ne pas appesantir son bras vengeur sur cette France malheureuse et repentante. Le

Roi des Rois semblait écouter favorablement les vœux de ces bons Français. Son soleil bienfaisant a refusé constamment d'éclairer, ce jour, Paris de ses rayons.

Puisse, à l'avenir, le 21 janvier être chaque année consacré, dans toute la France, par des prières publiques et par un jeûne solennel !

LE PALAIS DE JUSTICE.

CE Palais, antique demeure de nos Rois, si long-temps consacré à rendre la justice aux citoyens, si long-temps l'asile de la faiblesse opprimée par la force, de la bonne foi aux prises avec la cupidité, devint, de nos jours, un gouffre où venaient, à chaque instant, s'engloutir des victimes sans nombre, plongées dans les cachots sans avoir commis aucun délit, souvent même en punition de leurs vertus, de leur courage, et du dévouement le plus héroïque; et condamnées sur la simple allégation de crimes imaginaires, sans formes, sans instruction préalable, et sans pouvoir élever la voix pour démontrer leur innocence. Des bourreaux remplacèrent les juges. Le ministère public fut confié à des hommes de boue, vendus aux furies. Le crime siégea insolemment dans le sanctuaire des lois, et la vertu parut constamment sur le banc des accusés.

On eût dû alors effacer du cadran de l'horloge (1) du Palais, ce beau vers de l'académicien *Monmort :*

Sacra Themis mores, ut pendula dirigit horas.

---

(1) Cette horloge est la première qu'il y ait eu à Pa-

Jetons un coup-d'œil rapide sur ce temple sacré des lois, rendu enfin à la justice et à la défense de l'opprimé.

Nous ignorons à quelle époque on éleva les premiers bâtimens du Palais. Ils existaient dès le sixième siècle, au rapport de quelques historiens qui prétendent que Clovis, premier roi chrétien, y tint une cour plénière.

Ce qu'il y a de plus certain, c'est que le Palais fut le séjour ordinaire de nos rois de la troisième race, depuis Hugues Capet, en 987, jusqu'à Charles *le Sage,* qui mourut en 1380.

C'était un assemblage de grosses tours, qui communiquaient les unes aux autres par des galeries, et dont la vue s'étendait sur Issy, sur Meudon et sur Saint-Cloud. Le jardin du Palais, qu'on appelait alors *le jardin du Roi,* occupait un grand espace de terrain, sur lequel on a bâti depuis.

Saint Louis y établit son séjour ordinaire. Il fit construire la Sainte Chapelle, sur les ruines d'une petite église fondée par Hugues Capet, sous le titre de *l'adoration des trois rois.*

Il fit aussi construire la *grand'salle* du Palais, qui fut réduite en cendres le 7 mars 1618, et

---

ris. Elle fut faite en 1370, par Henri de Vie, que Charles V fit venir d'Allemagne.

sur la place de laquelle on éleva celle qui subsiste aujourd'hui (1). Cette salle a été admirée par le cavalier Bernin. L'ancienne était ornée des statues de nos Rois, en grandeur naturelle, depuis Pharamond.

Philippe-le-Bel, en 1302, rendit sédentaire le parlement, institué par Pepin-le-Bref, père de Charlemagne. Philippe créa, presqu'en même temps, les parlemens de Toulouse, de Normandie, et les *grands jours* de Troyes. Le parlement de Paris, devenu sédentaire, fut le dépositaire et l'interprète des lois anciennes et nouvelles, le gardien des droits de la couronne, et l'oracle de la nation.

Philippe-le-Bel abandonna son palais à ce corps respectable, se réservant néanmoins, sans doute, le droit de donner des festins d'apparat dans la grand'salle; puisque Charles V y reçut, en 1378, l'empereur Charles IV, et que les nôces de Richard II, Roi d'Angleterre, et d'Isa-

----

(1) On fit dans le temps cette épigramme, qui, quoique assez plate, prouve qu'alors, comme aujourd'hui, les gens d'affaires ne travaillaient pas *gratis*, et que les jeux de mots datent de loin.

> Certes on vit un triste jeu,
> Quand à Paris dame Justice
> Se mit le *palais* tout en feu,
> Pour avoir mangé trop d'*épice*.

belle de France, fille de Charles **VI**, qui faillit y être étouffé, y furent célébrées en 1394.

Depuis ce temps, le parlement occupa cet édifice antique, qui prit le nom de *Palais de Justice*, jusqu'à la suppression de toutes les cours souveraines.

LE TRIBUNAL RÉVOLUTIONNAIRE,

ET LA CONCIERGERIE DU PALAIS.

Six mois et demi s'étaient écoulés depuis la mort du Roi, lorsque l'infortunée Marie-Antoinette fut transférée du Temple à la Conciergerie, et livrée au tribunal révolutionnaire (1).

Donnons une légère idée de ce tribunal de mort, ministre aveugle des passions, des vengeances particulières, chargé de faire disparaître de la liste des vivans, tout ce qui ne partageait pas le délire du jour, tout ce qui portait le cachet de la probité, de la vertu; tout ce qui, par la confiscation, pouvait éveiller la cupidité de ce tribunal inique qui, de jour en jour, enhardi par ses épouvantables succès, devenait plus barbare, plus altéré de sang; et qui, sans la révolution du 9 thermidor (27 juillet 1794), fût parvenu à dépeupler la France, en envoyant à l'échafaud tous les hommes recommandables

---

(1) *Voyez*, à la fin de cet ouvrage, le Tableau des membres composant le Tribunal Révolutionnaire à l'époque du jugement de la Reine.

par leurs vertus, et n'épargnant que les scélérats, qui, à l'exemple des soldats de Cadmus,
auraient fini par se tuer eux-mêmes.

Le 17 août, 1792, par décret de l'assemblée
législative, ce tribunal criminel fut établi pour
juger *les crimes commis dans la journée du
10 août.*

Les crimes du 10 août ! Louis n'était plus!...

Du destin qui fait tout, tel est l'arrêt cruel ;
Si j'eusse été vaincu, je serais criminel.

Si Louis se fût mis à la tête des siens, s'il eût
triomphé ; s'il eût créé un tribunal pour juger
les crimes du 10 août, quels auraient été les coupables ?...

O justice ! as-tu donc deux poids et deux mesures ? — Mais, choisi pour prononcer d'après
les idées reçues... — *On n'accepte pas.* — Il eût
été dangereux de refuser. — *On peut céder au
sentiment de la peur, quand on tremble pour
sa vie ; on ne doit jamais mentir à sa conscience, quand il s'agit de la vie des autres.*

La création de ce tribunal fut suivie de l'arrestation de différentes personnes de marque.
Plusieurs furent envoyées à la mort. Nous citerons, dans ce nombre, M. *de La Porte*, inten-
dant de la liste civile, qui eut la tête tranchée
le 24 août; M. du Rosoi, auteur de *Henri IV*,

ou *la bataille d'Ivry*, qui marcha au supplice le lendemain 25, avec la plus grande fermeté, en disant qu'il était glorieux de mourir pour la cause de son Roi, le jour même de la fête de ce prince.

M. de *Bachmann*, major des gardes-suisses, fut décapité le 3 septembre, et le 27 du même mois, M. *Cazotte*, auteur du poëme d'*Olivier*, et de divers autres ouvrages, après avoir, par une sorte de prodige, échappé à la massue des septembriseurs, tomba, à l'âge de quatre-vingts ans, sous la hache révolutionnaire (1).

Le 10 mars, 1793, la convention nationale rendit un décret portant établissement d'un tribunal criminel extraordinaire, *avec jurés*, sans aucun recours au tribunal de cassation.

Ce décret ordonne que les biens de ceux qui seront condamnés, soient acquis à la république, et que les individus convaincus de crimes ou de délits *qui n'auraient pas été prévus par le code pénal*, soient condamnés à la déportation.

L'installation du tribunal criminel extraordinaire eut lieu le 29, dans la *grand'chambre* qu'occupa depuis le tribunal de cassation. Les

----

(1) Ce tribunal fut supprimé par décret de la convention nationale, du 31 novembre 1792.

juges, les accusateurs publics, les jurés furent choisis dans le sein de cette société fameuse, qui était parvenue à commander, en quelque sorte, à la convention elle-même, et parmi les révolutionnaires les plus exaltés des départemens.

Un décret du 23 octobre 1792, avait banni à perpétuité tous les émigrés français, et condamné à la peine de mort ceux qui rentreraient en France.

La peine de mort fut prononcée le 10 novembre, contre les émigrés qui étant rentrés, ne sortiraient pas, dans quinze jours, du territoire de la république.

Le 4 décembre suivant, la convention décréta que tout homme qui proposerait de rétablir la royauté en France, serait puni de mort.

Le tribunal criminel extraordinaire eut à prononcer sur les infractions à ces différens décrets. Il eut plein pouvoir de poursuivre, d'arrêter, de condamner tous individus *soupçonnés* de conspirer, soit à main armée, soit par des écrits tendant au renversement de la république; tous ceux qui chercheraient à empêcher les jeunes gens de concourir à la défense de la patrie; tous ceux qui entretiendraient des correspondances avec les émigrés, et qui en auraient reçu une seule lettre, fût-elle d'un ami, d'un frère, d'un père ou d'un fils.

L'accusateur public de ce tribunal (Fouquier-Tinville) était seul chargé de la direction du jury. Il avait un logement au Palais de Justice, et il n'en sortait que pour se rendre au comité de sûreté générale, afin d'y prendre les titres de proscription. Vil esclave de la tyrannie, ce Séïde n'était occupé qu'à entasser de prétendus coupables à la Conciergerie. Quand Robespierre fut parvenu à prendre sur les comités l'initiative des assassinats juridiques, Fouquier lui soumettait les listes, que l'homme de sang lui renvoyait, après avoir indiqué, par une marque au crayon, les infortunés qui devaient périr le lendemain.

Le nombre des victimes s'accroissait progressivement chaque jour. La loi contre les *suspects*, en date du 17 septembre 1793, peupla la France entière de nouvelles bastilles, et conduisit au tribunal révolutionnaire, une foule innombrable d'individus de tout sexe et de tout âge. Les suppôts de la tyrannie renchérirent encore sur le vague inconcevable de cet effrayant décret, et plusieurs personnes perdirent leur liberté, comme *soupçonnés* d'être *suspects*.

Le décret du 22 prairial an 2, ne mit plus de bornes à la rage révolutionnaire. Ce décret portait :

« Les ennemis du peuple, seront punis de mort.

» Sont réputés tels, ceux qui cherchent à

anéantir la liberté, par force ou par ruse ; à avilir la convention nationale et le gouvernement révolutionnaire, dont elle est le centre ; à égarer l'opinion, et empêcher l'instruction du peuple ; à dépraver les mœurs, et à corrompre la conscience publique ; enfin, *à altérer la pureté des principes révolutionnaires.*

» La preuve nécessaire pour les condamner, est *toute espèce de document matériel ou moral*, qui peut naturellement obtenir l'assentiment d'un esprit juste et raisonnable.

» La règle des jugemens, est la conscience des jurés éclairés par l'amour de la patrie ; leur but, le triomphe de la république, et la ruine de ses ennemis.

» S'il existe des documens du genre ci-dessus, *il ne sera pas entendu de témoins.*

» *Il n'y aura plus de défenseurs officieux*, si ce n'est pour les patriotes calomniés. »

Depuis cet instant, trente, quarante, soixante personnes, et quelquefois plus, furent chaque jour condamnées à mort. Il suffisait pour les condamner, de l'accusation vague d'avoir conspiré *contre l'unité et l'indivisibilité de la république.* Ces mots étaient un talisman magique, qu'on appliquait à ceux contre lesquels on ne pouvait pas préciser un seul fait vraisemblable. Bientôt, on ne se donna plus la peine d'user d'aucuns ménagemens.

nagemens. Fouquier-Tinville ne pouvait suffire à rédiger tous les actes d'accusation : ses
substituts se chargèrent de seconder son zèle.
L'un entassait dans ces pièces vraiment cu-
rieuses, si elles n'étaient pas horribles, une série
épouvantable de crimes invraisemblables et chi-
mériques. Toutes les expressions en étaient gi-
gantesques et ridicules, autant qu'atroces : *voilà*,
s'écriait-t-il, *la manière de faire trembler nos
ennemis*. Le lendemain, un autre s'efforçait
d'enchérir encore sur le hideux travail de son
collègue.

Mais ce que l'on aurait peine à croire, si l'on
n'en avait eu la preuve, c'est que dans l'impossibilité où se trouvaient l'accusateur public et ses
substituts, de varier les actes d'accusation des
prévenus devenus beaucoup trop nombreux, le
même acte servait pour cinquante ou soixante
à-la-fois. Des commis aux écritures, rangés,
chaque soir, autour d'une table ronde, copiaient
le même acte, que dictait l'un d'entr'eux. On en
faisait autant de copies qu'il se trouvait de victimes à égorger; et ces infortunés, qui souvent
étaient nés à cent lieues l'un de l'autre, qui ne
se connaissaient pas, qui ne s'étaient jamais vus,
qui avaient une opinion tout-à-fait opposée, qui
venaient d'être extraits de différentes prisons,

étaient accusés des mêmes crimes. Ils ne rece-
vaient, pour l'ordinaire, l'acte d'accusation, que
quelques instans avant de monter au tribunal,
ou tout au plus tôt la veille fort tard ; et la copie
était tellement minutée, tellement illisible, qu'ils
ne pouvaient en déchiffrer un mot. Leur surprise égalait leur terreur, quand ils entendaient
au tribunal la lecture de cette œuvre de ténèbres.
Ils se récriaient sur la fausseté des allégations ;
ils offraient des preuves, des témoins.... Mais en
vertu des preuves résultant du *document moral,*
on leur imposait silence ; et la terrible réponse,
tu n'as pas la parole ! laissait la victime sans
espoir, comme sans défense. On accusait les prévenus en masse ; c'était en masse qu'on les jugeait ; c'était en masse qu'on les envoyait à la
mort.

Fouquier-Tinville était épouvanté de ses
succès. Il eût voulu revenir sur ses pas : mais la
chose n'était pas possible. Il disait souvent : *mon
tour viendra !* Il vint en effet le 17 floréal, an 3
(6 mai 1795). La terre fut purgée d'un monstre.

Un nommé Dumas, ancien prêtre, et qui périt
avec Robespierre, était président de ce tribunal
de sang. On l'a vu insulter aux malheureux qui
allaient être égorgés. « Pare cette botte-là, » dit-
il à un malheureux maître-d'armes, à qui il

venait de prononcer son arrêt de mort. Ce can-
nibale était cependant le plus lâche des hommes.
Sonnait-on chez lui, jamais il n'ouvrait sa porte;
mais seulement un guichet grillé, semblable à
celui d'une prison, et au travers duquel on répondait à ceux qui venaient implorer la justice.

LES JURÉS

N'ÉTAIT-CE pas une dérision sacrilége, que cette tactique employée pour en imposer au vulgaire, qui transformait l'institution la plus sublime, celle du jury spécialement chargée de protéger l'innocence, en une réunion barbare, composée d'un troupeau servile, sans dignité, sans pudeur, sans entrailles, et dont l'unique fonction était de prononcer une phrase bannale, qui plaçait l'innocence sous le glaive des bourreaux ?

Le Jury du tribunal révolutionnaire, composé de deux sections, était formé d'un certain nombre d'individus choisis, non parmi les hommes les plus instruits, les plus recommandables par leur moralité, mais dans les rangs des plus fougueux démagogues. La plus crasse ignorance n'était point un motif d'exclusion. Le thème était fait d'avance : de la docilité, c'est tout ce qu'on exigeait.

La justice de ce tribunal était composée des chambres suivantes :

Les chambres du président et du vice-président ;

Celles de l'accusateur public et de ses substituts ;

La chambre des jurés ;

Celle des huissiers.

La chambre du président se trouvait aux tourelles, sur le bord de la rivière ;

Celles des seconds étaient dans l'intérieur ;

La chambre des jurés se trouvait à l'extrémité opposée, du côté des galeries du Palais ;

La quatrième, dite des huissiers, était en face de la porte d'entrée de la grand'chambre. Vis-à-vis est l'escalier dérobé, qui descend dans l'intérieur de la Conciergerie. C'est par cette issue que l'on faisait monter les prisonniers au tribunal. Après leur condamnation, ils étaient réintégrés à la Conciergerie, par le même escalier ; ils en sortaient quelques heures après, pour être conduits au supplice.

Lorsque les jurés avaient entendu les débats, ils se retiraient dans leur chambre, pour y délibérer sur les pièces qu'on devait leur présenter. Souvent, il ne s'en trouvait pas. Alors, on était dispensé de faire les frais d'une délibération. A quoi, d'ailleurs, aurait-elle servi ? Tout était arrangé ; tout était convenu. *Tels* et *tels* étaient voués à la mort. Quelques-uns devaient être acquittés, par l'excellente raison qu'il fallait persuader au peuple que le tribunal était juste, qu'il n'avait pas soif du sang des citoyens, et qu'il proclamait l'innocence avec la même équité qu'il proscrivait le crime.

Un juré faisait deux listes : celle des victimes, celle des prévenus qui devaient être acquittés. Les derniers n'étaient pas nombreux :

Apparent rari nantes in gurgite vasto.

Pendant le travail de ce juré, ses collègues se promenaient dans les couloirs, ou montaient déjeûner chez le concierge, qui tenait une buvette.

Les prisonniers étaient, dans l'intervalle, enfermés dans une chambre, sous la garde d'autant de gendarmes.

Au bout de trois quarts-d'heure, les jurés rentraient en corps, et se plaçaient sur leur estrade. Les juges, l'accusateur public reprenaient leurs places; on ramenait les accusés, et le président posait les questions d'usage:

« A-t-il existé une conspiration contre l'unité et l'indivisibilité de la république, contre la liberté et la sûreté du peuple français ? »

« *Tels* et *tels*, sont-ils coupables de cette conspiration ? »

Le premier juré prononçait :

Sur mon honneur et sur ma conscience, le fait est constant.

Les autres faisaient ce qu'on appelait *feu de file ;* c'est-à-dire, qu'ils répétaient ce qu'avait dit le premier.

Et d'après la déclaration unanime du jury, le président prononçait la sentence de mort.

Les jurés se réunissaient ensuite à la buvette, faisaient un excellent dîner, buvaient largement, chantaient des chansons graveleuses, riaient aux éclats, en se félicitant de leur manière expéditive de *purger la république ,* et prolongeaient cette orgie scandaleuse fort avant dans la nuit.

Pendant ce temps, les innocens, que leur déclaration envoyait à l'échafaud, étaient traînés à la mort; leurs familles étaient dans le deuil et dans les larmes, et l'accusateur public proposait de nouvelles listes de proscription pour le lendemain.

LES HUISSIERS

LA quatrième classe, qui complettait les membres de ce tribunal de sang, était composée des huissiers du parquet. Leur emploi consistait:

1º. A recevoir tous les prisonniers qu'on amenait, soit des départemens, soit des différentes maisons de détention de la capitale, à la Conciergerie du Palais.

Entre les deux guichets, chaque prisonnier était dépouillé par un de ces huissiers...

Citoyen, as-tu des armes ? des effets ? de l'argent ?

A l'instant, quelque fût la réponse, on le fouillait ; on lui enlevait argent, bijoux, couteaux, ciseaux, effets. Il ne restait au prisonnier que son mouchoir, sa tabatière, et ce qu'il était impossible de lui enlever. Souvent, dès le lendemain, ce prisonnier avait vécu. Ses effets, ses bijoux, son argent étaient déposés au greffe : mais y entraient-ils intacts ? On en dressait, il est vrai, procès-verbal : mais, quelquefois, ce procès-verbal n'était rédigé que le lendemain ; le propriétaire était condamné, exécuté, et les morts ne réclament point.

La seconde occupation de ces huissiers, était de mettre à exécution les nombreux mandats, soit *d'amener*, soit *d'arrêt*. Des voitures, à leurs ordres, les transportaient, au besoin, de prison en prison, et aux domiciles indiqués par les dénonciateurs. Combien de malheureuses victimes, croyant n'être appelées que comme témoins dans les débats, allaient à la mort comme complices, parce qu'ils étaient connus d'un accusé !

Un de ces derniers cite un jour au tribunal, pour un fait très-indifférent, une dame âgée, infiniment respectable, ne s'occupant en aucune manière des affaires d'état, mais constamment appliquée à faire du bien. L'accusateur public désire entendre cette dame comme témoin; il décerne un mandat d'amener. L'huissier chargé d'exécuter le mandat, se rend chez elle en voiture, et la trouve à table. Il lui signifie l'ordre dont il est porteur ; il l'engage à suspendre son dîner, et l'assure que son absence ne sera pas longue. Il ne s'agit que d'un renseignement à donner au tribunal; c'est l'affaire d'une heure au plus. Il se charge de la ramener en son domicile.

La dame, forte de son innocence, n'ayant pas

même le plus léger soupçon qu'on puisse la croire complice d'un délit, se rend avec confiance au tribunal, et répond avec calme aux interpellations qui lui sont faites. Tout-à-coup, l'accusateur public requiert, et elle entend avec autant de surprise que d'effroi, ces mots terribles :

Faites monter la répondante sur le banc des accusés.

Elle y monte, et n'en descend que pour être confondue avec les autres accusés sur la fatale charrette qui doit les conduire à la mort.

Ces huissiers avaient un certain nombre de clercs, et ces clercs étaient chargés de transcrire, ainsi que nous l'avons dit, les actes d'accusation, et d'en faire autant de copies qu'il y avait de prévenus.

Tous les matins, à l'heure où l'audience allait commencer, les huissiers descendaient à la Conciergerie, accompagnés d'autant de gendarmes qu'il y avait d'accusés à traduire devant les juges ; chaque gendarme prenait un accusé sous le bras, et le conduisait au tribunal. Un greffier faisait, à haute voix, lecture de l'acte d'accusation, en présence d'un auditoire nombreux, en grande partie composé de ces furies qu'on nommait *tricoteuses de Robespierre.*

Une de ces déplorables victimes, qui appartenait au parlement de Paris, accablée par l'âge, les infirmités, la maladie, et ne pouvant plus faire usage de ses jambes, ne pouvait se rendre au tribunal. Un guichetier chargea le malade sur ses épaules, et le conduisit, par la cour du Palais, au tribunal, où il fut condamné sans pitié. Le jugement rendu, le guichetier le reporta de la même manière en prison. Il fut ainsi transporté dans une charrette, où on l'étendit dans toute sa longueur, et ce fut par le même procédé qu'il fut placé sous le fatal couteau.

Un huissier s'emparait des condamnés, les remettait à l'exécuteur des jugemens criminels, assistait à l'exécution, et dressait du tout un procès-verbal.

JOURNAL

*De la captivité de la Reine, pendant cent
cinq jours, dans la prison de la Conciergerie du Palais.*

APRÈS la mort de Louis XVI, sa famille
continua à rester enfermée au Temple. Pendant
quelque temps, elle fut plongée dans un chagrin
si profond, qu'elle semblait insensible à tout.
Mais le temps, et sur-tout la réflexion, tira la
Reine la première de cette espèce de léthargie.
Elle pensa à son fils, et reprit du courage. Elle
demanda la liberté, pour elle et pour sa famille,
de porter le deuil du Roi. On la lui accorda.
« Ces voiles, ces crêpes qui l'enveloppaient,
nourrissaient sa douleur, et la familiarisaient
avec cette idée de mort si terrible pour le commun des hommes; elle n'avait pour elle rien
d'effrayant. Dans l'état où on l'avait mise, et
où il ne lui était plus permis d'espérer le bonheur, cesser de vivre, c'était cesser d'être malheureuse. Ainsi, cette insensibilité que lui donnait la grandeur même de son infortune, eût
été pour elle une sorte de félicité; mais elle était
mère : ses yeux, lorsqu'ils se portaient sur ses
enfans, se remplissaient de larmes; elle frémis-

sait sur le sort qui pourrait leur être réservé, lorsqu'elle ne serait plus. Plus frappée encore que ne l'avait été Louis XVI, des terribles effets que pouvaient avoir les passions qui se déchaînaient chaque jour avec une nouvelle fureur, elle prévoyait tous les attentats... »

Ce qui paraît constant, c'est que la Reine parvint à renouer quelques légères intelligences au-dehors, par le moyen d'un de ses gardiens. On assure que son premier soin fut d'instruire MONSIEUR, frère du feu Roi, de sa situation, qui était encore beaucoup plus pénible depuis la mort de son époux. Elle n'avait pas perdu l'espoir de voir son fils remonter sur le trône ; et lorsque madame Elisabeth lui montrait sa position et le peu d'espérance qui lui restait, elle lui répondait :

J'espère beaucoup sur l'inconstance des Français et sur l'issue de la guerre. Le temps et les puissances coalisées, voilà mes soutiens.

Cette espèce de prédiction s'est réalisée, mais beaucoup trop tard pour le bonheur de la France ; et l'auguste princesse qui la faisait, ne devait pas en voir l'accomplissement.

Dans ces temps déplorables de deuil et de barbarie, où le moindre prétexte suffisait pour motiver les plus horribles persécutions, les supplices les plus cruels, il était hors de doute que l'épouse du monarque qu'on venait d'immoler, ne serait pas plus respectée que tant de personnages moins importans qu'on envoyait chaque jour à l'échafaud.

On chercha donc à la supposer coupable envers la république, de quelque manière que ce fût; et, pour tâcher de trouver au moins un prétexte qui pût motiver sa traduction au tribunal révolutionnaire, on commença par faire des perquisitions au Temple.

Le 20 avril 1793, en vertu d'un arrêté du conseil général de la commune, des commissaires se rendirent au Temple, à dix heures trois quarts du soir, et firent une recherche exacte dans la demeure et sur les personnes des quatre détenus; mais ils n'y trouvèrent rien de suspect, si ce n'est une image coloriée en rouge, représentant d'un côté un cœur embrasé, traversé d'une épée, et entouré d'étoiles, avec cette légende:

COR MARIÆ, ORA PRO NOBIS.

De l'autre côté, une couronne d'épines, et une croix au-dessus du cœur, avec cette légende:

COR JESUS, MISERERE NOBIS.

De plus, une feuille imprimée, de quatre pages, intitulée: *Consécration de la France au sacré cœur de Jésus.*

Les commissaires crurent devoir dresser procès-verbal de cette découverte.

Le 23, les mêmes commissaires retournèrent au Temple, à l'effet de lever les scellés apposés sur les appartemens de Louis XVI. Les effets qui se trouvèrent sous ces scellés, tels que l'*Imitation de Jésus-Christ, Horace*, la *Constitution française* et le *Bréviaire de Paris*, trente-trois louis, une montre en or, des boucles de souliers et de jarretière aussi en or, les crochets et les rubans de tous les ordres, furent déposés sur le bureau du conseil général de la commune. *Ils passeront au creuset*, dit ce procès-verbal, *pour ne laisser aucun signe de ralliement à la tyrannie, aucune relique à la superstition.*

Une nouvelle perquisition eut lieu dans l'appartement des princesses ; mais on n'y trouva aucun vestige de correspondance avec le dehors, ni de connivence entre elles et six commissaires inculpés dans un rapport fait par Tison, concierge et espion des officiers municipaux au Temple. Cependant, un chapeau trouvé chez madame Elisabeth, et qu'elle déclara avoir appartenu au Roi, excita les plus vives alarmes.

Les scellés furent apposés chez les membres du conseil du Temple qui étaient inculpés, et des mandats d'amener furent décernés contre différentes personnes, qui faisaient pour les détenus l'envoi des objets demandés par le conseil.

Le 1er de juillet, le comité de salut public prit un arrêté portant que Louis-Charles, fils du feu Roi, serait séparé de sa mère, et remis ès mains d'un instituteur, au choix du conseil général de la commune de Paris.

Le 3 du même mois, cet arrêté fut notifié à la Reine par les commissaires de service.

On conçoit combien cette séparation fut douloureuse pour une mère; elle se fit avec l'effusion de la plus grande sensibilité. En embrassant pour la dernière fois son fils, elle lui dit:

Souvenez-vous, mon fils, d'une mère qui vous aime. Soyez sage, doux et honnête.

On sait que le jeune prince fut abandonné aux soins d'un cordonnier nommé Simon, qui lui fit éprouver chaque jour, par sa barbarie, les angoisses d'une agonie lente, qui se termina par la mort de cet auguste enfant, le 8 juin 1795.

En se voyant enlever son fils, la Reine prévit qu'il se tramait quelque chose de sinistre contre elle; et l'expérience fit voir que ses pressentimens n'étaient que trop fondés. D'après un rapport extrêmement alarmant, fait à la convention, le 1er août, sur la conspiration de l'Europe contre la liberté française, des mesures terribles furent adoptées, et une de ces mesures fut de traduire la Reine au tribunal révolutionnaire.

En

En effet, dans la nuit du 5 août, la Reine fut enlevée du Temple et transférée à la Conciergerie, par ordre de l'administration de police. A peine lui laissa-t-on le temps de dire un dernier adieu à sa fille et à sa belle-sœur. On lui fit traverser en silence les cours de sa prison ; une voiture l'attendait à la porte ; elle la transporta au lieu de sa destination.

Le concierge Richard se plaignit de n'avoir pas été prévenu ; il regrettait qu'aucune chambre ne fût préparée. Un monstre osa dire :

« Le cachot le plus infect, quelques bottes de paille pour son lit, en voilà plus qu'il n'en faut ! »

Richard était humain, il se promit d'avoir pour l'auguste prisonnière tous les égards, tous les ménagemens qui pouvaient se concilier avec son devoir : il voulut que la Reine passât le reste de la nuit dans sa chambre ; mais il fallut le lendemain, pour ne point irriter ses bourreaux, lui chercher un logement dans l'intérieur même de la prison.

~~~~~~~~~~~~~~~~~

Du moment où la Reine apprit qu'elle était à la Conciergerie, elle ne douta point que sa mort ne fût prochaine ; cependant, trois mois s'écoulèrent avant qu'elle fût mise en jugement. Ce retard peut être attribué à deux causes : 1°. la nécessité de pressentir ou de diriger l'opi-
~~~~~~~~~~~~~~~~~

nion publique sur le sort qui était réservé à cette princesse; 2ᵈ. l'impossibilité de trouver des pièces qui fussent à sa charge.

L'espion le plus actif du comité de sûreté générale fut chargé d'en découvrir; mais il ne parvint qu'à mettre au jour les rêves de son imagination, et cet amas indigeste d'absurdités fut rejeté. On consulta tous les papiers de la Reine, saisis aux Tuileries; aucune pièce ne déposait contre elle. Dans ce dénuement absolu de preuves, on fut forcé d'abandonner au génie inventif de l'accusateur public Fouquier-Tinville, le soin de dresser l'acte d'accusation, et de susciter des crimes à Marie-Antoinette.

Le concierge Richard avait choisi pour le logement de cette princesse une chambre connue sous le nom de *Salle du Conseil*. Deux énormes verroux répondaient de la prisonnière, qui ne recevait un peu d'air que par une croisée garnie d'épais barreaux, donnant sur la cour dite *des Femmes*. Cette pièce avait été autrefois séparée en deux parties, par une cloison dont il ne subsistait plus que les deux extrémités. On avait placé, dans la partie gauche, deux gendarmes qui s'y tenaient continuellement, et qui, la nuit, y dressaient un lit de camp : l'un s'appelait François Dufresne, et l'autre Jean Gilbert. La Reine occupait la partie à droite, et pour la

soustraire au moins aux regards, Richard plaça
à l'entrée un paravent qui rejoignait les deux
extrémités de la cloison. Quelle situation pour
une Reine!

L'infortunée princesse dut au moins au zèle
du concierge la consolation d'avoir un bon lit,
qu'il s'empressa de louer chez un tapissier; il
fournit aussi des draps de la plus belle toile. La
table de cette princesse pouvait passer pour re-
cherchée, relativement au lieu où elle se trouvait.
Ce n'est pas qu'à cet égard elle se montrât exi-
geante : *Ce qui est bon pour votre famille, le
sera pour moi*, disait-elle à Richard; mais Richard n'en persistait pas moins à étudier ses
goûts et à lui servir les mets dont elle mangeait
de préférence.

On lit, dans les journaux du temps, les par-
ticularités suivantes sur la manière de vivre de
la Reine dans sa prison : elles sont ridicules et
calomnieuses.

« Antoinette se lève tous les jours à sept heures, et se couche à dix. Elle appelle ses deux
gendarmes *Messieurs*, sa femme de ménage
madame Harel. Les administrateurs de police
et ceux qui l'approchent officiellement, lui disent *Madame*. Elle mange avec beaucoup d'appétit, le matin du chocolat et un petit pain, à
dîner de la soupe et beaucoup de viande, pou-

lets, côtelettes de veau et de mouton ; elle ne
boit que de l'eau, ainsi que sa mère, dit-elle,
qui ne but jamais de vin. Elle a quitté la lecture
des *Révolutions d'Angleterre*, et lit actuelle-
ment le *Voyage du Jeune Anacharsis*. Elle
fait sa toilette elle-même, avec cette coquetterie
qui n'abandonne point une femme au dernier
soupir. Sa chambre donne sur la prison des
femmes ; mais celles-ci n'ont point l'air de prendre garde au voisinage d'une ci-devant Reine. »

Ces observations étaient au ton du jour, et
outraient la vérité. Quant à la critique inconve-
nante et peu généreuse de la toilette de la Reine,
elle prouve au moins qu'elle avait l'indispensable
nécessaire. Il est vrai que, de tous les administrateurs de police, Michonis était le seul qui dai-
gna s'intéresser à cette princesse, pour lui faire
donner ce dont elle avait besoin ; et qu'elle avait
trop de dignité pour s'abaisser à faire aucune
demande à ses collègues : mais Michonis veillait
à ce qu'elle ne manquât de rien. On a dit, dans
d'excellentes intentions, sans doute, que l'épouse
du Roi de France était forcée de raccommoder
elle - même ses souliers ; qu'elle ne possédait
qu'une robe de deuil, qu'elle échangea contre
un méchant manteau de lit blanc en lambeaux,
pour aller à la mort. C'est une erreur ; la Reine
ne manquait point de vêtemens. Lorsqu'elle

parut au tribunal, elle était vêtue d'une robe blanche très-propre. La rage de ses ennemis ne s'étendait pas jusqu'à la priver du nécessaire; et, dans l'état d'humiliation auquel elle était réduite, descendue du premier trône du monde pour être renfermée comme une criminelle dans un galetas obscur et infect, dépouillée de tout ce prestige de grandeur dont elle avait toujours été entourée, privée de ses enfans après avoir vu périr son époux, abandonnée de tous ses amis, la Reine avait assez de titres pour éveiller la sensibilité des êtres même les plus indifférens, sans qu'il fût besoin d'ajouter aux grands traits de ce tableau terrible et vrai, un accessoire aussi faible, un aussi petit moyen d'intéresser à son sort et d'appitoyer en sa faveur.

~~~~~~~~~~~~~

La commune de Paris avait nommé quatre commissaires, pris dans son sein, pour surveiller les prisons. Ces commissaires étaient Michonis, Jobert, Marino et Michel.

Michonis était spécialement chargé de la surveillance de la Conciergerie. Il s'y rendait exactement tous les jours, et ne se croyait point obligé d'ajouter à la situation pénible des détenus par un ton brusque et farouche, ou par une insouciance coupable sur les besoins qu'ils pouvaient
~~~~~~~~~~~~~

éprouver. Il témoignait particulièrement à la Reine l'intérêt qu'on doit généralement au malheur, mais qui semble devoir être plus puissant encore, quand c'est un être né au faîte des grandeurs qui se voit précipité au dernier degré de l'infortune, et que cet être sacré est une femme. Il avait soin de s'informer des besoins de la Reine, et s'empressait de lui procurer tout ce qui pouvait adoucir les horreurs de sa captivité.

Il amenait quelquefois avec lui des étrangers, mais ces étrangers étaient ou des membres de la commune, ou des hommes dont les principes ne lui étaient point suspects, et qui n'étaient mus que par un mouvement de curiosité.

Michonis était né sensible. Lorsqu'il se trouvait dans un cercle d'amis, il se plaisait à épancher dans leur cœur cette sensibilité que lui inspirait le sort des prisonniers, au nombre desquels l'infortunée Marie-Antoinette tenait le premier rang. Un jour qu'il dînait au Marais, un des convives lui témoigna le plus vif désir de voir la Reine. Cette demande, à laquelle Michonis était accoutumé, parce que plusieurs fois on lui avait marqué la même curiosité, ne l'effraya point; il permit au curieux de l'accompagner à la Conciergerie.

Ce particulier, qu'on a qualifié de chevalier d'Ed..v...e, se nommait M. de Rougeville; il était chevalier de Saint-Louis. Il prenait le plus vif intérêt à la Reine, à la famille royale. Il était auprès de LL. MM. dans la journée du 20 juin 1792. Il avait prévenu en sa faveur, par ses manières honnêtes et affables, l'obligeant Michonis, qui ne crut pas devoir le refuser.

M. de Rougeville trompa-t-il en effet, comme on l'a dit, le surveillant Michonis, en lui cachant son état, sa qualité, ses projets; en s'enveloppant du manteau de la curiosité; en feignant même des opinions qu'il n'avait pas, afin de mieux inspirer la confiance?

Michonis, au contraire, comme on l'a dit encore, connaissait-il M. de Rougeville pour ce qu'il était? L'intérêt qu'il prenait à la Reine, était-il assez puissant pour qu'il exposât sa vie? Croyait-il parvenir à la servir utilement en introduisant auprès d'elle un chevalier français, entièrement dévoué aux intérêts de sa souveraine?...

C'est ce qu'on n'a jamais pu parfaitement éclaircir.

Quoi qu'il en soit, vers les derniers jours du mois d'août, Michonis se rendit à la Conciergerie accompagné du chevalier de Rougeville. Parvenu entre les deux guichets, Michonis s'adressa, comme d'usage, à la femme Richard, épouse du concierge. Cette femme accompagnait

ordinairement le commissaire, et sur-tout lorsqu'il se présentait avec quelques étrangers qui
lui étaient inconnus; sa responsabilité l'exigeait.
On se promena dans le Préau (cour intérieure),
en s'entretenant de choses indifférentes, ou tout
au moins étrangères à celle qui était l'objet de la
visite, afin d'écarter la défiance. On revint ensuite dans les galeries souterraines du palais, et
de là on se rendit à la prison des femmes. On
parvint enfin à la chambre occupée par la Reine,
où se trouvaient les deux gendarmes, qui ne la
quittaient ni jour ni nuit, et la femme-de-
chambre Harel.

La concierge ouvre; tout le monde entre.
La Reine aperçoit Michonis, et son premier
mouvement est de lui demander des nouvelles
de ses enfans. Tandis que Michonis répond à
cette question, la Reine jette un coup-d'œil sur
celui qui accompagne l'administrateur; elle reconnaît un homme dévoué à la cause royale.
Son aspect la fait tressaillir : peut-être ce loyal
chevalier s'expose-t-il simplement pour jouir du
plaisir de revoir encore une fois la veuve de son
Roi; peut-être a-t-il quelques espérances flat-
teuses à lui annoncer. Elle est pâle, tremblante,
agitée;... quelques larmes coulent de ses yeux.
La conversation continue : Michonis s'informe
si elle n'a besoin de rien; le chevalier adresse

quelques mots à la Reine, mais en même temps il lui fait un signe. Il tient un œillet; il le laisse tomber; il fixe ses regards sur elle, et les reporte sur l'œillet qui est à terre. La Reine hésite, ou ne comprend pas; il s'approche, et lui dit tout bas : *Ramassez l'œillet.*

Il ajoute : *Je viendrai vendredi.*

Cet œillet était tombé à côté du poêle, derrière la femme Harel; la Reine se détourne comme pour essuyer ses larmes;... l'œillet est parvenu à sa destination:... il renferme un billet.

Michonis et l'étranger se retirent.

On a rapporté diversement cette anecdote. On a dit que l'œillet avait été ramassé par un des gendarmes, qui ne s'était aperçu que cette fleur renfermait un billet qu'après le départ de Michonis et de l'étranger. On vient même de réimprimer, à la suite du Journal de Cléry, que la femme Richard, attentive à tous les mouvemens de la Reine et de l'étranger, avait vu tomber l'œillet; qu'elle s'était baissée pour le ramasser; que le chevalier d'Ed..v...e se précipita au même instant, se saisit du papier et l'avala; que ce chevalier fut arrêté au guichet, et bientôt condamné à mort.

Il n'y a pas un mot de vrai dans ces différentes versions, contre lesquelles s'élèvent les informations rigoureuses qui eurent lieu à la suite de cet événement.

La Reine fit lecture du billet. Quelle en était la teneur? Nous l'ignorons. La Reine, il est vrai, après avoir nié d'abord l'existence de ce billet, reconnut qu'il lui était parvenu, mais elle se borna à déclarer qu'il ne contenait que des choses vagues et insignifiantes, telles que:

Que comptez-vous faire?... J'ai été en prison; je m'en suis tiré par un miracle.... Je viendrai vendredi.

Elle avoua, de plus, que ce billet contenait des offres d'argent.

Mais cette princesse était dispensée de mettre ses ennemis dans sa confidence, et elle ne leur déclara que ce qu'elle voulut bien leur déclarer.

Il paraît qu'un excès de confiance de sa part envers le gendarme Gilbert, donna l'éveil sur cet événement. Le 3 septembre, Gilbert écrivit à son lieutenant-colonel pour l'informer que sa prisonnière lui avait confié qu'elle avait reçu dans un œillet un billet de l'étranger qui avait accompagné Michonis; que cet étranger devait revenir le vendredi suivant, et qu'elle lui remettrait sa réponse, qu'elle avait tracée sur un papier avec des piqûres d'épingle; qu'elle lui avait confié, à lui gendarme, le même papier piqué; qu'il avait cru devoir le remettre à madame Richard, en faisant accroire à la prisonnière que cette femme l'avait saisi dans sa poche; et qu'il croyait également de son devoir de l'en prévenir, pour ne compromettre ni lui, ni son camarade, ni le corps entier.

Gilbert remit en effet, à la dame Richard, ce billet piqué, dont il fut impossible de déchiffrer non-seulement le sens, mais même une seule lettre (1). La Reine déclara depuis qu'elle avait voulu tracer ces mots :

Je suis gardée à vue ; je ne parle ni n'écris.

Cet incident donna lieu à l'ouverture d'une

---

(1) Après la mort de Robespierre, et des juges du Tribunal révolutionnaire, qui périrent sur l'échafaud, nous parvînmes à nous introduire dans le dépôt des archives de ce Tribunal, où nous trouvâmes tous les papiers dont on s'était servi pour faire le procès de la Reine et de Madame Elisabeth. Ce billet ou petit papier, d'environ quatre pouces de long sur un de large, contenait trois lignes piquées avec une épingle; mais ces lignes ne formaient ni chiffres, ni lettres, seulement des sinuosités de différentes grandeurs. Après beaucoup d'examen, nous ne pûmes y rien connaître. M. le chevalier de Rougeville, que nous croyons encore existant, peut seul en donner l'explication.

procédure, qu'on peut regarder comme une instruction préparatoire du procès qu'il paraissait si difficile d'entamer.

En effet, ce rapport ayant été communiqué au comité de sûreté générale, ce comité envoya à la Conciergerie plusieurs de ses membres, qui firent subir un interrogatoire à Marie-Antoinette, à la femme Harel, à Michonis, à Gilbert, à Pierre Fontaine, demeurant rue de l'Oseille, au Marais, chez lequel le chevalier de Rougeville avait dîné avec Michonis; au commandant du poste de la Conciergerie *(Le Brasse)*, et au maréchal-des-logis *de France*.

La Reine et Michonis subirent deux interrogatoires, à la suite desquels le dernier fut constitué prisonnier à la Conciergerie.

En interrogeant la Reine sur le simple fait de l'œillet, on chercha, par des questions insidieuses, à surprendre quelques réponses qui pussent tourner contre elle, et figurer parmi les différens chefs d'accusation qu'on préparait. Cette princesse vit le piége, et répondit avec infiniment d'adresse et une présence d'esprit admirable. Nous citerons quelques-unes de ces questions, entièrement étrangères à cet incident, et les réponses de la Reine.

« Vous intéressez-vous aux succès des armes de nos ennemis ? »

Je m'intéresse aux succès de celles de la nation de mon fils ; quand on est mère, c'est là la première parenté.

« Quelle est la nation de votre fils ? »

Pouvez-vous en douter ? n'est-il pas Français ?

« Votre fils n'étant que simple particulier, vous déclarez donc avoir renoncé à tous les priviléges que donnait jadis le vain titre de Roi ? »

Il n'en est pas de plus beau, et nous pensons de même, que le bonheur de la France....

« Vous êtes donc bien aise qu'il n'y ait plus ni Roi, ni royauté ? »

Que la France soit grande et heureuse, c'est tout ce qu'il nous faut.

« Vous devez donc désirer que le peuple n'ait plus d'oppresseurs, et que tous ceux de votre famille qui jouissent d'une autorité arbitraire, subissent le sort qu'ont subi les oppresseurs de la France ? »

Je réponds de mon fils, de moi ; je ne suis pas chargée des autres.

« Vous n'avez donc jamais partagé les opinions de votre mari ? »

J'ai rempli toujours mes devoirs. . . . .

. . . .

« Comment, ayant avoué que vous ne désiriez que la prospérité et la grandeur de la nation française, avez-vous pu manifester un désir aussi vif d'employer tous les moyens pour vous réunir à votre famille, en guerre avec la nation française ? »

Ma famille, c'est mes enfans : je ne peux être bien qu'avec eux ; et, sans eux, nulle part.

« Vous regardez donc comme vos ennemis ceux qui font la guerre à la France ? »

Je regarde comme mes ennemis tous ceux qui peuvent faire du tort à mes enfans.

« De quelle nature sont les torts qu'on peut faire à vos enfans ? »

Toute espèce quelconque.

« Il est impossible que vous ne regardiez pas plus particulièrement comme tels ceux qui auraient pu être faits, d'après vos idées, à votre fils, relativement à l'abolition de la royauté, que répondez-vous ? »

Si la France doit être heureuse avec un Roi, je désire que ce soit mon fils ; si elle doit l'être sans Roi, j'en partagerai avec lui le bonheur (1).

Le 9 du même mois, en vertu d'un ordre du comité de sûreté générale, l'administration de

____

(1) *Voyez* le procès des Bourbons, *Tom. II*, tous les interrogatoires relatifs à l'affaire de l'œillet s'y trouvent en entier.

police se rendit à la prison de Marie-Antoinette, et lui enleva ses bijoux...

« ... Nous sommes transportés à la chambre occupée par la veuve Capet; où étant, l'avons sommée de nous remettre ses bagues et bijoux, ce qu'elle a fait à l'instant. Ils consistent en un anneau d'or, une bague en or, une autre à pierre et à talisman, une à pivot émaillée, une autre en forme de petit collier, une montre à répétition; plusieurs cachets en or, dont un porte pour légende, *l'Amour et la Fidélité*; une médaille en or avec sa chaîne d'or : tous ces objets contenant divers chiffres, lettres et hiéroglyphes... »

Les deux gendarmes et la femme Harel eurent ordre de se retirer de la chambre de Marie-Antoinette, et d'emporter les effets qui leur appartenaient, avec injonction néanmoins de ne pas sortir de la maison de justice, qu'il n'eût été fait à leur égard un rapport au comité de police, qui prononcerait sur leur sort.

Les administrateurs enjoignirent au concierge de garder, à l'égard de la détenue, les mêmes mesures de précaution que l'on est dans l'usage d'observer à l'égard des prisonniers qui sont au secret, et ordonnèrent au commandant du poste de poser un factionnaire à la porte de Marie-Antoinette, et en-dehors, avec la consigne de ne laisser approcher jusqu'à dix pas de ladite porte,

personne autre que le concierge et son épouse;
ce qui fut exécuté à l'instant même.

Deux jours après, les mêmes administrateurs
revinrent à la Conciergerie, après avoir pris un
arrêté qu'ils exécutèrent eux-mêmes, ainsi qu'il
résulte du procès-verbal qui suit:

« Cejourd'hui 11 septembre 1793, l'an 2 de
la république une et indivisible, nous administrateurs de police, en vertu de notre arrêté de
ce jour, nous sommes transportés ès prisons de
la Conciergerie, à l'effet d'y choisir un local
pour la détention de la veuve Capet, autre que
celui où elle est maintenant détenue. Y étant
arrivés, et après avoir vu toutes les chambres
qui en dépendent, nous nous sommes arrêtés à
celle où est déposée la pharmacie du citoyen
Guillaume-Jacques-Antoine Lacour, pharma-
cien de ladite prison; en conséquence, avons
choisi ce local pour servir à la détention de ladite veuve Capet. Au moyen de quoi, arrêtons
que ledit Lacour débarrassera dans le jour ledit
local de tout ce qui peut lui appartenir et faire
partie de sa pharmacie; même de la boiserie et
vitres qui en dépendent. Arrêtons, en outre,
que la grande croisée qui donne sur la cour des
femmes, sera bouchée au moyen d'une tôle
d'une ligne d'épaisseur, jusqu'au cinquième barreau de traverse; que le surplus de ladite croisée

sera

sera grillé de fil de fer en mailles très-serrées ;
et que, quant à la seconde croisée, ayant vue
sur l'infirmerie, elle sera condamnée en totalité,
par le moyen d'une tôle de la même épaisseur
que celle ci-dessus ; que quant à la petite croisée ayant vue sur le corridor, elle sera bouchée
entièrement en maçonnerie ; qu'un seuil de trois
pouces d'épaisseur, et en bois, sera mis entre
les deux poteaux d'userie, et de leur épaisseur ;
qu'il sera, en outre, posé une seconde porte de
forte épaisseur, laquelle ouvrira en-dedans de la
chambre, et sera fermée avec forte serrure de
sûreté ; qu'il sera mis, à la porte qui existe, deux
verroux à l'extérieur ; que la gargouille qui
existe pour l'écoulement des eaux, sera bouchée
en maçonnerie. De tous lesquels ouvrages ci-
dessus, chargeons le citoyen Godard, notre
collègue, qui s'oblige de les faire terminer dans
le plus bref délai possible. Après quoi, ladite
veuve Capet sera extraite de la chambre où elle
est maintenant détenue, et sera transférée dans
le local ci-dessus désigné, pour y rester jusqu'à
ce qu'il en soit autrement ordonné. »

Signé N. FROIDURE (1), SOULÈS (2), GA-
GNAUT, FIGUET, CALLEUX et GODARD.

---

(1) Exécuté le 29 prairial an 2.
(2) *Idem.*

Ainsi se termina l'incident de l'œillet, qui eut pour l'administrateur Michonis le résultat le plus funeste : l'infortuné périt sur l'échafaud (1).

M. Fontaine ayant déclaré que le particulier qui avait dîné chez lui avec Michonis se nommait Rougeville, qu'il avait été amené chez lui par une dame Dutilleul; que ce Rougeville et la dame Dutilleul demeuraient ensemble à Vaugirard, presque vis-à-vis l'église, mais que Rougeville avait un appartement rue Phelippeaux, et qu'il présumait, sans l'assurer, qu'il devait coucher cette même nuit à Paris, attendu que lui et la dame Dutilleul avaient déclaré, en sa présence, qu'ils avaient des affaires à Paris, et qu'ils feraient aussi bien d'y rester : les commissaires interrogateurs arrêtèrent « que le nommé Rougeville et la femme Dutilleul seraient arrêtés et traduits à l'Abbaye, pour y être interrogés de suite par le comité de sûreté générale; que Rougeville serait gardé au secret, jusqu'à ce que perquisition exacte eût été faite dans ses papiers et dans ceux de la femme Dutilleul, lesquels seraient apportés ensemble au comité. »

Le chevalier de Rougeville (2) et la femme Du-

---

(1) Exécuté le 29 prairial an 2.

(2) M. de Rougeville, garde-du-corps de MONSIEUR,

tilleul surent prudemment se soustraire à l'exécution de cet arrêté, qui leur serait devenu aussi
funeste qu'il le fut à l'administrateur Michonis.

---

né à Arras, d'une bonne famille, habitait Paris depuis 1789. Le 16 août 1792, il fut arrêté et conduit
dans les prisons de l'Abbaye. Il sortit de cette prison,
comme par miracle, deux jours avant les massacres
des 2 et 3 septembre. En 1793, après le 31 mai, il fut
arrêté de nouveau, conduit à la Mairie, de-là à la
prison des Madelonettes. Après trois semaines de
détention, il en sortit encore miraculeusement. Ce
brave chevalier, qui le 20 juin et le 10 août 1792 était
aux tuileries pour défendre son Roi, n'a point quitté
Paris pendant le temps de la terreur. Ayant trouvé le
moyen de sortir deux fois de prison, il fit ce qu'il put
pour sauver la Reine, en bravant tous les dangers; mais,
malheureusement, cette illustre prisonnière était ob-
servée de trop près, puisqu'elle était gardée à vue par
des gendarmes qui ne la quittaient ni nuit, ni jour.
Ayant, avec le commissaire Michonis, pénétré auprès de sa souveraine, pour lui faire tenir un billet,
comme nous venons de le dire, il ne quitta cependant
point Paris. Malgré les poursuites rigoureuses que
l'on fit contre lui, il occupât successivement les hôtels
garnis, jusqu'au 26 thermidor de l'an 3 (13 septembre
1795), époque ou l'ex-conventionnel Guffroy-Rougiff,
ancien avocat de son père, le fit arrêter, en le dénon-
çant au comité de sûreté générale comme émigré. Il
fut détenu à la grande Force pendant plusieurs mois:
il y était encore le 29 mai 1796.

13 *

Ce fut le 21 vendémiaire de l'an 2 (12 octobre 1793) que la Reine subit son premier interrogatoire; mais, dans le double but de recueillir
quelques renseignemens qui pussent nuire à
cette princesse, et perdre également les commissaires qui avaient été de service au Temple,
et qui avaient témoigné quelque intérêt à la famille royale, six jours auparavant (le 6 octobre),
Pache, maire de Paris, *Chaumette*, procureur
de la commune (1), et *Hébert*, substitut (2),
se rendirent au Temple, à l'effet d'interroger
madame Elisabeth, le prince et la princesse
royale. On espérait peu, sans doute, des deux
princesses ; mais Louis-Charles n'était qu'un
enfant ; Simon, son digne instituteur, l'être le
plus abject de la nature, s'était emparé de toutes
les facultés de son élève : il l'avait infecté de son
souffle corrompu, et ce n'est qu'à la scélératesse
de ce monstre qu'on doit attribuer les déclarations révoltantes de cet enfant.

On se garda bien d'interroger d'abord madame Elisabeth. On interrogea Louis-Charles,
pour avoir le droit d'opposer son témoignage

(1) Exécuté le 24 germinal an 2 (13 avril 1794).
(2) *Idem.*

aux dénégations inévitables des deux princesses. C'est avec un sentiment pénible que nous rappelons cet interrogatoire immoral et scandaleux, qui révolte à-la-fois et la nature, et la pudeur, et la raison. C'est un enfant de huit ans, dont on réclame le témoignage contre sa mère! C'est lui qu'on fait servir d'instrument à sa mort! C'est lui qu'on interroge pour avoir le droit de l'envoyer à l'échafaud! On abuse de la docilité de l'enfance, de la corruption dont on l'a entouré depuis deux mois, en le livrant au plus ignoble, au plus infâme des valets, pour lui arracher des déclarations qui font horreur. On le force à accuser.... qui? une mère! Et l'infâme Simon (1) ose déclarer, ose signer que l'enfant l'a souvent pressé de le mettre à portée de faire cette déclaration! (2)

On ne rougit point de reproduire ces turpitudes en présence de la jeune princesse. On ose lui faire des questions révoltantes; on ne craint point de flétrir cette fleur d'innocence, attribut de son âge; on la met aux prises avec son frère; on établit, entre un enfant de huit ans et une

---

(1) Exécuté le 11 thermidor (29 juillet 1794).

(2) Cette déclaration et les interrogatoires, n'ont paru en public que dans l'ouvrage que nous avons publié, intitulé : *procès des Bourbons,* 2 vol. in-8°.

jeune vierge qui n'a point encore atteint sa quinzième année, un débat immoral et scandaleux ; on interroge la vertueuse Elisabeth, comme complice de ces crimes : la princesse repousse avec indignation ces inculpations odieuses ; et cette tentative criminelle n'aboutit qu'à déverser l'horreur et le mépris sur ces âmes de boue, qui se sont fait un jeu d'outrager la pureté de l'enfance, la nature, la morale et l'honnêteté publique.

Mais la Reine est avilie aux yeux de ces êtres qu'on est parvenu à démoraliser, au point de leur faire croire possibles des crimes que la nature elle-même repousse. On se détermine enfin à la mettre en jugement, et le tribunal révolutionnaire commence contre elle son ministère de sang.

Le jour fait place à la nuit ; six heures sonnent. La Reine, vêtue de deuil, est mystérieusement introduite dans la grande salle d'audience. Cette pièce est sombre, obscure ; elle n'est éclairée que par deux bougies placées sur la table du greffier, et il est impossible de distinguer les objets dans l'éloignement. Etait-ce pour imprimer la terreur dans l'âme de la victime, ou dans la crainte que ses bourreaux ne pussent supporter ses regards ?...

Des groupes sont répandus dans tous les

coins de la salle et dans les couloirs ; on aperçoit une foule de têtes derrière le siége du président ; on en voit de groupées derrière l'accusateur public. Un silence profond règne néanmoins dans cet antre de la mort. Marie-Antoinette entre, accompagnée d'un huissier du tribunal et de quelques gendarmes. L'obscurité,
le silence, l'aspect de cette foule de têtes, dont
elle ne peut distinguer les traits, frappent d'effroi la fille des Césars : cette princesse qui, dans
tous les temps, montra un courage au-dessus
du vulgaire, cède pour un instant au sentiment
de la terreur ; mais bientôt elle reprend toute sa
dignité, toute son énergie, et brave la fureur de
ses ennemis. Elle s'asseoit sur une banquette,
en face de l'accusateur public. Deux officiers
de gendarmerie sont à ses côtés. L'interrogatoire
commence.

Nous citerons quelques - unes des questions
qu'on lui adressa, et les réponses qu'elle y fit (1).

« Quels sont vos noms, âge, profession et
demeure ? »

*Marie-Antoinette de Lorraine d'Autriche,
veuve du Roi de France.*

---

(1) *Voyez* les pièces officielles, insérées en entier
dans le *procès des Bourbons*. Tom. II.

« Quelle était votre demeure au moment de votre arrestation? »

Je n'ai point été arrêtée ; on est venu me prendre à l'assemblée nationale pour me conduire au Temple.

Interrogée si elle n'avait pas eu, avant la révolution, des rapports coupables avec l'empereur d'Allemagne, elle répond « qu'étant la sœur de ce prince, ces rapports n'étaient que ceux de l'amitié; que s'ils eussent concerné la politique, ils n'eussent pas eu d'autre but que l'intérêt de la France, à laquelle elle tenait par son union avec son Roi. »

Accusée ensuite d'avoir engagé son époux à tromper le peuple, elle s'écrie:

Oui, le peuple a été trompé! Il l'a été cruellement, mais ce n'est ni par mon mari, ni par moi.

« Par qui donc le peuple a-t-il été trompé? »

Par ceux qui y avaient intérêt : ce n'était ni l'intérêt du Roi, ni le mien, de tromper le peuple.

« Qui sont donc ceux qui, dans votre opinion, avaient intérêt de tromper le peuple? »

(La Reine sentit le piége, et répondit:)

Je ne connais que leur intérêt, et nullement leurs personnes ; le nôtre était d'éclairer le peuple, et non de le tromper.

« Ce n'est pas là répondre directement. »

J'y répondrais directement, si je connaissais les noms des personnes.

Le président rabattit alors sur le voyage de Varennes. La Reine le motiva sur la nécessité de se donner, aux yeux de l'Europe, une apparence de liberté....

Il finit par quelques-unes de ces questions oiseuses qui prouvent l'impuissance d'arguer aucun fait positif...

« Vous n'avez jamais cessé un moment de vouloir détruire la liberté. Vous vouliez régner, à quelque prix que ce fût, et remonter au trône sur les cadavres des patriotes. »

Nous n'avions pas besoin de remonter sur le trône ; nous y étions. Nous n'avons jamais désiré que le bonheur de la France.   .   .   .

.   .   .   .

« Quel intérêt mettez-vous aux armes de la république? »

Le bonheur de la France est celui que je désire par-dessus tout.

« Pensez-vous que les rois soient nécessaires au bonheur du peuple? »

Un individu ne peut pas décider de cette chose.

« Vous regrettez, sans doute, que votre fils ait perdu un trône, sur lequel il eût pu monter, si le peuple, enfin éclairé sur ses droits, n'eût pas brisé ce trône ? »

Je ne regretterai jamais rien pour mon fils, quand son pays sera heureux....

Cet interrogatoire est signé *Marie-Antoinette; Hermann,* président; *Fouquier,* accusateur public; et *Fabricius,* greffier.

L'audience publique fut fixée au surlendemain 24 octobre; et la Reine ayant refusé de choisir elle-même ses conseils, le tribunal nomma d'office MM. Tronçon-Ducoudray et Chauveau-Lagarde, qui avaient jusqu'alors entrepris la défense de presque tous les innocens accusés sous le régime de la terreur.

L'INSTANT était arrrivé où la veuve de Louis XVI, où l'infortunée Marie-Antoinette devait rejoindre son époux dans la tombe. Le 14 octobre 1793, elle est conduite au tribunal révolutionnaire; elle y paraît avec une noble fierté, et ne s'effraie point à l'aspect de ces figures sinistres, dont est composé l'auditoire.

Amand-Martial Hermann, préside le tribunal de sang. Etienne Foucaut, Joseph-François-Ignace Dauzé-Verteuil, Marie-Joseph Lane le composent. Antoine-Quentin Fouquier-Tinville, remplit les fonctions du ministère public; Joseph Fabricius, celles de greffier.

Le jury paraît et se place. Il est composé des membres suivans :

Ganney, *perruquier;* Martin Nicolas, *imprimeur;* Châtelet, *peintre;* Grenier Trey, *tailleur;* Antonelle, *ex-député;* Souberbielle, *chirurgien;* Trinchard, *menuisier;* Jourdeuil, *ex-huissier;* Gémon, Davez et Suard.

Il s'agissait de prononcer sur le sort d'une accusée, fille, sœur, veuve, parente et alliée de presque tous les souverains de l'Europe. En supposant qu'on eût le droit de la mettre en jugement, de la juger, de la condamner; pour le faire avec connaissance de cause, et d'après les lois de l'équité, il fallait choisir des jurés instruits, des hommes que l'éducation, l'étude, l'âge et la réflexion eussent mis à portée d'apprécier la conduite d'une Reine, épouse et mère; et l'on voit figurer parmi les jurés, qui balancent sur sa tête la coupe de la vie et l'urne de la mort, des menuisiers, des tailleurs, des perruquiers!...

Le greffier donne lecture de l'acte d'accusation.

Nous ne rapporterons point cet acte monstrueux (1), tracé par le mensonge, sous la dictée des furies. Nous nous bornerons à rapporter les

---

(1) *Voyez* le procès des Bourbons, *Tom. II, pag.* 258.

principales charges que renferme cet acte in-
fernal.

« Marie-Antoinette, veuve de Louis Capet,
ci-devant Roi de France, est accusée :

» 1°. D'avoir méchamment et à dessein, de
concert avec les frères de Louis Capet et l'infâme
ex-ministre Calonne, dilapidé d'une manière
effroyable les finances de la France ; d'avoir fait
passer des sommes incalculables à l'empereur,
et d'avoir ainsi épuisé le trésor national ;

» 2°. D'avoir, tant par elle que par ses agens
contre-révolutionnaires, entretenu des intelligences et des correspondances avec les ennemis
de la république, et d'avoir informé et fait informer ces mêmes ennemis des plans de campagne et d'attaque convenus et arrêtés dans le
conseil ;

» 3°. D'avoir, par ses intrigues et manœuvres,
et par celles de ses agens, tramé des conspirations et des complots contre la sûreté intérieure
et extérieure de la France ; d'avoir, à cet effet,
allumé la guerre civile sur divers points de la république, et armé les citoyens les uns contre les
autres ; et d'avoir, par ce moyen, fait couler
le sang d'un nombre incalculable de Français ».

Cet acte d'iniquité, porte la date du 12 octobre ; il est d'une longueur effrayante ; il a dû
coûter plusieurs jours pour parvenir à le rédiger,

d'après le vu des pièces à charge, dont la volumi-neuse collection exigeait également plusieurs jours d'une lecture réfléchie ; et cependant l'ac-cusateur public déclare qu'il n'a reçu les pièces que dans les journées du 11 et 12 octobre !

Il est donc mathématiquement démontré que ce monstre n'avait pas même lu ces pièces, et que l'acte d'accusation de la Reine était l'œuvre de l'imposture, de la haine; le fruit d'une ima-gination haineuse, vindicative et altérée de sang.

On procède à l'audition des témoins. Quarante sont entendus (1).

Après que les témoins eurent été entendus, le président demanda à la Reine si elle avait quel-ques observations à faire?

Non, répondit Marie – Antoinette. *J'étais Reine, et vous m'avez détrônée. J'étais épouse, et vous avez fait périr mon mari. J'étais mère, et vous m'avez arraché mes enfans. Il ne me reste que mon sang : abreuvez vous en ; mais ne me faites pas souffrir plus long-temps.*

Cette princesse répondit, dans le cours de la procédure, à toutes les interpellations qui lui furent faites, avec beaucoup de fermeté et de précision. Elle s'appliqua à ne compromettre

____

(1) *Voyez* le procès des Bourbons, *Tom. II, page* 268 et suivante.

aucune des personnes qui lui avaient été attachées. Souvent, d'un mot, elle confondit ses
détracteurs, et les convainquit d'imposture.

Ce fut après quarante-huit heures de souffrance et d'angoisse que les débats furent terminés, et les défenseurs de la Reine se préparèrent à parler. M. Chauveau-Lagarde s'était
chargé de la défendre de l'accusation d'intelligence avec les ennemis de l'extérieur, et M. Tronson-Ducoudray, de l'accusation d'intelligence
avec les ennemis de l'intérieur.

Fouquier, accusateur public, prend la parole
et est entendu. Lorsqu'il eut cessé de parler,
les défenseurs furent entendus à leur tour dans
le plus grand silence, et ils remplirent le ministère
sacré qui leur était confié, avec autant de zèle
que d'éloquence. Ils abordèrent toutes les accusations dont on osait frapper la Reine, et ils en
démontrèrent avec force toute l'absurdité.

Inutiles efforts. Les juges n'avaient permis
cette défense que pour la forme, que parce que
la loi exigeait encore que les accusés eussent des
défenseurs. Encore huit mois, et ils ne devaient
plus en avoir ! Encore huit mois, et ils devaient
être égorgés, sans oser élever la voix ! Et néanmoins, malgré le zèle ardent des défenseurs,
combien de sang devait couler pendant cet intervalle !...

Le président Hermann prend à son tour la parole, et s'adressant aux jurés, il prononce un résumé qui doit frapper le vulgaire, et l'entourer de prestiges. Nous en citerons quelques fragmens :

« . . . . . Un grand exemple est donné en ce jour à l'univers; et, sans doute, il ne sera point perdu pour les peuples qui l'habitent. La nature et la raison, si long-temps outragées, sont enfin satisfaites ! L'égalité triomphe.

» Une femme qu'environnaient naguère tous les prestiges les plus brillans que l'orgueil des Rois, et la bassesse des esclaves avaient pu inventer, occupe aujourd'hui au tribunal de la nation la place qu'occupait, il y a deux jours, une autre femme, et *cette égalité lui assure une justice* impartiale.

» Cette affaire, citoyens jurés, n'est pas de celles où un seul fait, un seul délit est soumis à votre conscience et à vos lumières; vous avez à juger toute la vie politique de l'accusée, depuis qu'elle est venue s'asseoir à côté du dernier Roi..

. . . .

» Si l'on eût voulu de tous ces faits une preuve orale, il eût fallu faire comparaître l'accusée devant tout le peuple français. La preuve matérielle se trouve dans les papiers qui ont été saisis chez Louis Capet, dans le recueil des pièces justificatives de l'acte d'accusation porté contre Louis Capet par la convention; enfin, et principalement, citoyens jurés, dans les événemens politiques dont vous avez tous été les témoins et les juges.

» Et s'il eût été permis, en remplissant un ministère *impassible*, de se livrer à des mouvemens que la passion de l'humanité commandait, nous eussions évoqué devant le jury national, les mânes de nos frères égorgés à Nancy, au Champ-de-Mars, aux frontières, à la Vendée, à Marseille, à Lyon, à Toulon, par suite des machinations infernales de cette moderne Médicis. Nous eussions fait amener devant vous les pères, les mères, les épouses, les enfans de ces malheureux patriotes.... Que dis-je? malheureux! Ils sont morts pour la liberté, et fidèles à leur patrie. Toutes les familles éplorées, et dans le désespoir de la nature, auraient accusé Marie-Antoinette de leur avoir enlevé ce qu'ils avaient de plus cher au monde.... »

Hermann résume les dépositions des témoins, les présente sous le jour le plus désavantageux à l'accusée; il retrace tous les crimes dont elle est *convaincue*, et rappelle que *c'est le peuple français qui accuse Antoinette ; et que tous les événemens politiques qui ont eu lieu depuis cinq ans, déposent contre elle.*

Il pose ensuite les questions ainsi qu'il suit :

« 1°. Est-il constant qu'il ait existé des manœuvres et intelligences avec les puissances étrangères et autres ennemis extérieurs de la république, lesdites manœuvres et intelligences tendant à leur fournir des secours en argent, à leur donner l'entrée du territoire français, et à y faciliter les progrès de leurs armes ?

» 2°. Marie-Antoinette d'Autriche, veuve de Louis Capet, est-elle convaincue d'avoir coopéré aux manœuvres, et d'avoir entretenu ces intelligences ?

» Est-il constant qu'il ait existé un complot et conspiration tendant à allumer la guerre civile dans l'intérieur de la république ?

» Marie-Antoinette d'Autriche, veuve de Louis Capet, est-elle convaincue d'avoir participé à ce complot et à cette conspiration ? »

Les jurés se retirent. Ils restent, à-peu-près, pendant une heure aux opinions ; ils rentrent, et font une déclaration affirmative sur toutes les questions qui leur ont été soumises.

Le président prononce au peuple, le discours suivant :

« Si ce n'était pas des hommes libres, et qui, par conséquent, sentent toute la dignité de leur être, qui remplissent l'auditoire, je devrais peut-être leur rappeler qu'au moment où la justice nationale va prononcer, la loi, la raison, la moralité leur commandent le plus grand calme; que la loi leur défend tout signe d'approbation, et qu'une personne, de quelques crimes qu'elle soit couverte, une fois atteinte par la loi, n'appartient plus qu'au malheur et à l'humanité. »

Il fit ramener alors l'accusée à l'audience, et lui annonça qu'elle allait entendre le réquisitoire de l'accusateur public.

Fouquier prend la parole; il cite deux articles de la constitution, qui prononcent la peine de mort contre les délits dont les jurés ont trouvé la Reine coupable, et requiert contre elle la peine capitale.

Le président demande alors à l'infortunée, si elle a quelque réclamation à faire contre les lois invoquées par l'accusateur public.

Elle fait un mouvement négatif de tête et se tait.

Hermann fait la même interpellation aux défenseurs. Ils savent que toute réclamation est superflue. L'un d'eux garde le silence. L'autre (*M. Tronçon-Ducoudray*) , se lève et dit :

« La déclaration étant précise, et la loi formelle à cet égard, j'annonce que mon ministère à l'égard de la veuve Capet est terminé. »

Hermann prononce d'une voix mal assurée, ces mots terribles :

Le tribunal condamne Marie-Antoinette, dite de Lorraine d'Autriche, veuve de Louis Capet, à la peine de mort.

La victime entendit prononcer son arrêt avec la plus grande fermeté, et ses traits n'éprouvèrent aucune altération. Elle s'attendait, sans doute, à cette fin terrible. Il était quatre heures et demie du matin, lorsqu'elle fut condamnée. On la reconduisit à la Conciergerie, où elle prit quelque nourriture. L'infortunée en avait besoin.

A cinq heures, le rappel fut battu dans toutes les sections; à sept, toute la force armée fut sur pied. Des canons furent placés aux extrémités des ponts, places et carrefours, qui se trouvent depuis le Palais de Justice jusqu'à la place de la Révolution.

A six heures, un prêtre assermenté, curé de Saint-Landry, en la Cité, se présenta, muni d'autorisation pour donner à la Princesse les secours spirituels. Elle lui répondit que se les étant procurés par une voie qu'elle ne voulait point révéler, elle désirait seulement qu'il l'entretînt jusqu'au moment fatal.

A onze heures, elle sortit de la Conciergerie, vêtue d'un déshabillé piqué blanc. L'exécuteur avait déjà rempli les premiers actes de son ministère de mort. La victime avait les cheveux coupés. Ses mains étaient liées. Elle allait monter

14 *

dans la charrette destinée aux plus vils criminels. *Voilà le moment de montrer du courage!*
lui dit le ministre qui l'assistait à ses derniers
momens....

. *Du courage!* répondit-elle ; *il y a si long-
temps que j'en fais l'apprentissage! Croyez
qu'il ne me manquera pas aujourd'hui.*

Elle monta dans la charrette avec cet ecclésiastique, et fut escortée par de nombreux détachemens de gendarmerie à pied et à cheval.
Elle regardait indifféremment, le long de la
route, la force armée qui, au nombre de plus
de trente mille hommes, formait une double
haie dans les rues où elle passait. On n'aperce-
vait sur son visage ni abattement, ni fierté; elle
avait l'air calme, et paraissait insensible aux
cris de la multitude, qui offraient un contraste
frappant avec le profond silence et la solitude
qui régnaient dans Paris, le jour de la mort du
Roi.

La victime arriva à midi, au lieu du supplice. Un instant après, elle avait cessé d'exister.

MADAME ÉLISABETH

DE FRANCE.

LE Roi, la Reine n'étaient plus. Deux reje-
tons précieux de leur union étaient restés au
Temple, avec la sœur du monarque. Leur
âge les mettait à l'abri des fureurs d'un tribunal
de sang : on les conservait comme ôtages ; le temps
seul pouvait fixer leur destinée.

Mais la modeste Elisabeth qui, dans les tours
du Temple, comme sous les lambris dorés de
Versailles ou des Tuileries, avait donné l'exemple
de toutes les vertus, était marquée du sceau des
victimes. Comme son frère, comme sa sœur et
son amie, elle était destinée à périr sur l'échafaud. Moins vertueuse, elle eût évité la mort :
mais tendrement attachée à son frère, occupée,
sans relâche, à consoler une Reine, abandonnée
même par ses plus fidèles serviteurs, elle ne sé-
para jamais sa cause de la leur ; elle voulut les
suivre au Temple, et partager toutes les horreurs de leur déplorable destinée.

Aucun ordre n'était donné contre elle. Elle
pouvait conserver sa liberté ; elle pouvait la ré-

clamer, après l'avoir perdue à une époque où l'on ne songeait point encore à lui susciter des crimes ; où le sort du monarque occupait seul toutes les pensées, où sa perte était l'unique but que l'on se proposât.

Mais la courageuse Elisabeth avait partagé ses périls et ceux de la Reine, dans les désastreuses journées du 28 février 1790, du 20 juin et du 10 août 1792. Elle les avait suivis à l'époque du voyage de Varennes. Elle ne faisait qu'un avec eux. Pouvait-elle ne pas partager leurs fers ?

Lors de l'invasion du château des Tuileries, au 20 juin, cette princesse parcourait les appartemens, et cherchait à se réunir au monarque, pour lequel elle avait les plus vives inquiétudes : mais la foule était si grande, qu'elle ne put y parvenir. Forcée de rester dans une salle, elle s'informait avec anxiété de ce qui se passait dans l'appartement du Roi, lorsque plusieurs hommes du peuple, armés, s'écrièrent en l'apercevant : *Voilà la Reine !...*

Madame Elisabeth se tut ; mais un courtisan, qui n'avait pas quitté la princesse, s'empressa de les détromper. Elle lui dit vivement :

Eh ! monsieur, pourquoi ne pas leur laisser croire que je suis la Reine ? Vous leur auriez peut-être épargné un grand crime !

Dans cette autre journée, plus funeste encore,

et qui devait changer les destinées de la France, elle s'attache à Louis; elle devient son ombre. Aucun danger ne l'effraie; elle ne tremble que pour les jours sacrés du Roi et de la Reine. Au milieu du bruit des armes et du tumulte qui précède un combat, Louis la retrouve sans cesse à ses côtés; il tremble lui-même pour une sœur adorée, et la conjure de s'éloigner...

« Ma sœur! il en est temps encore: quittez ce séjour dangereux. Toute leur attention se porte sur la Reine et sur moi, et je peux aisément vous soustraire à leurs fureurs.... »

Jamais, répond avec fermeté la sensible Elisabeth, *jamais je n'abandonnerai ni mon frère ni la Reine; s'ils doivent périr, je saurai périr avec eux.*

Au Temple, cette princesse s'attachait à consoler le monarque et son auguste compagne, à adoucir l'amertume de leurs chagrins. Elle ne s'occupait que de leur malheur, et ne se plaignait jamais du sien; elle porta au plus haut degré d'héroïsme cette abnégation de soi-même, et déploya, dans sa prison, tout ce que la grandeur d'âme et l'attachement fraternel peuvent inspirer de plus sublime. Ce fut avec raison qu'on dit alors:

Elisabeth a fait de ce séjour un temple à l'amitié!

Le soir du jour où, conformément à l'arrêté du conseil général de la commune, qui ordonnait d'enlever aux prisonniers du Temple tout instrument tranchant, on avait privé les princesses même de ceux qui leur étaient utiles pour leurs ouvrages à l'aiguille, la famille était réunie comme à l'ordinaire. Les dames s'occupaient à coudre et à broder ; le Roi lisait et causait par intervalles. Voyant sa sœur rompre difficilement son fil avec ses dents, faute de ciseaux, il lui dit : « Quel contraste ! il ne vous manquait rien dans votre jolie maison de Montreuil. » Madame Elisabeth répondit avec l'accent de la sensibilité la plus profonde :

Eh ! mon frère ! puis-je éprouver des regrets, quand je partage vos malheurs ?

L'état d'humiliation dans lequel cette princesse était réduite, sa résignation même aux volontés du ciel, ne lui firent jamais oublier qu'elle était née à l'ombre du trône. Jamais elle ne compromit sa dignité, en adressant la parole à ses gardiens. Elle préférait de se passer des choses les plus nécessaires, lorsqu'elle ne pouvait pas s'adresser à Cléry pour les obtenir.

Elle jugeait sainement de ce qui se passait à l'égard du monarque, et prévoyait l'horrible destinée qu'on lui réservait :

« Je m'attends à tout (disait-elle à Cléry),

et je ne me fais pas illusion sur le sort qu'on prépare au Roi. Il mourra victime de sa bonté et de son amour pour son peuple, au bonheur duquel il n'a cessé de travailler depuis son avénement au trône. La religion du Roi et sa grande confiance en la Providence, le soutiendront dans cette cruelle adversité. »

Dans un autre instant où elle s'entretenait avec ce serviteur fidèle, sur le procès du Roi qu'on allait commencer, et sur l'espérance qu'il cherchait à lui donner de son issue, Madame Elisabeth lui répondit : « Je vous remercie, Cléry, de votre bonne intention : mais je ne puis envisager que sa perte. Ils regardent le Roi comme une victime nécessaire à leur sûreté. Je n'ai aucun espoir qu'il soit sauvé. »

Ces funestes pressentimens n'étaient que trop bien fondés! Il arriva cet instant fatal qui vit consommer le plus horrible attentat. Séparée, pour jamais, d'un frère pour lequel elle eût sacrifié son existence, la sensible Elisabeth confondit ses larmes avec celles de la Reine, et lui voua tous ses instans. Cette dernière consolation lui fut enlevée, par la translation de la Reine à la Conciergerie du Palais, et son incertitude sur le sort de cette princesse, ne fut pas le moindre de ses tourmens!...

Dès cet instant, Mme. Elisabeth adopta l'inté-ressante orpheline qui venait d'être privée de la plus tendre des mères; elle s'attacha à former son esprit et son cœur, et à lui inspirer cette résignation dont elle donnait elle-même le su-blime exemple.

L'espoir, qu'elle n'avait osé concevoir pour l'infortuné monarque et son auguste épouse, n'était pas entièrement éteint dans son cœur, relativement à la princesse royale et à elle-même. Elle se flattait quelquefois qu'on ne les retenait captives dans les murs du Temple, que comme des ôtages dont l'existence, dans des temps moins orageux, pouvait devenir avantageuse au nou-veau gouvernement, en lui ménageant les moyens d'obtenir la paix, aux conditions de rendre à leur famille les êtres qu'ils tenaient dans les fers.

Vaines illusions! le sort de Mme. Elisabeth était irrévocablement arrêté. Déjà, depuis long-temps, on s'occupait de chercher non des preuves, des crimes prétendus qu'on lui suscitait, mais des pièces qui, au moyen d'une fausse interpré-tation, pussent servir de prétexte à un jugement de mort. On les cherchait encore le matin du jour où cette infortunée fut conduite au supplice.

Le conseil de la commune, toujours sur le qui vive, toujours prompt à seconder les mesures de rigueur, quand lui-même ne donnait pas l'éveil ou ne prenait pas l'initiative, crut devoir faire faire une nouvelle visite dans l'appartement des détenues, où l'on était assuré de ne rien trouver de suspect ; mais on se réservait, par ce moyen, la faculté de rédiger un procès-verbal, qui pût servir de base à l'acte d'accusation de Madame Elisabeth.

En conséquence, on endoctrina de nouveau l'enfant, qui n'était plus qu'une machine asservie aux volontés de son féroce instituteur. Il avait dénoncé sa mère ; il pouvait dénoncer sa tante et sa sœur ; et c'est ce qu'il fit. Et l'infâme Simon joua encore le premier rôle dans cet acte révoltant !

Tout étant disposé, les commissaires du Temple rédigèrent le procès-verbal suivant, qu'ils datèrent du 13 frimaire an 2 (3 décembre 1793) ; mais qui, probablement, ne fut dressé que dans les premiers jours de mai 1794.

« Cejourd'hui, 13 frimaire an 2 de la république une et indivisible, nous commissaires de la commune, de service au Temple, sur l'avertissement à nous donné par le citoyen Simon, que Charles Capet avait à dénoncer des faits qu'il nous importait de connaître (1) pour le

---

(1) Quel dénonciateur qu'un enfant de huit ans ! comme la chose est vraisemblable !

salut de la république, nous nous sommes transportés, quatre heures de relevée, dans l'appartement dudit Charles Capet, qui nous a déclaré
ce qui suit :

» Que depuis environ quinze jours ou trois
semaines, il entend les détenues frapper tous les
jours consécutifs, entre six et neuf heures (1);
que depuis avant-hier, ce bruit s'est fait un peu
plus tard, et a duré plus long-temps que les
jours précédens; que ce bruit paraît partir de
l'endroit correspondant au bûcher; que de plus
il connaît, à la marche qu'il distingue de ce
bruit, que, pendant ce temps, les détenues
quittent la place du bûcher par lui indiqué, pour
se transporter dans l'embrasure de la fenêtre
de leur chambre à coucher, ce qui fait présumer
qu'elles cachent quelques objets dans ces embra-
sures ; *il pense que ce pourrait être de faux
assignats* (2), mais qu'il n'en est pas sûr, et
qu'elles pourraient les passer par la fenêtre, pour
les communiquer à quelqu'un.

» Ledit Charles nous a également déclaré

---

(1) Est-ce du matin ou du soir ?

(2) Quelle prescience dans un enfant de cet âge !..
et puis, une fabrique de faux assignats, tenue au
Temple par deux femmes continuellement observées,
n'ayant ni papiers, ni outils!...

que, dans le temps qu'il était avec les détenues, il a vu un morceau de bois garni d'une épingle crochue et d'un long ruban, avec lequel il suppose que les détenues ont pu communiquer par lettres avec feu Capet.

» Et de plus, que ledit Charles se rappelle qu'il lui a été dit que s'il descendait avec son père, il lui fit ressouvenir de passer tous les jours à huit heures et demie du soir, dans le passage qui conduit à la tourelle, où se trouve une fenêtre de l'appartement des détenues.

» Charles Capet nous a déclaré de plus, *qu'il était fortement persuadé que les détenues avaient quelques intelligences ou correspondances avec quelqu'un.*

» De plus, nous a déclaré qu'il avait entendu lire dans une lettre, que Cléry avait proposé à feu Capet le moyen de correspondance présumée par lui déclarant; que Capet avait répondu à Cléry que cela ne pouvait se pratiquer, et que cette réponse n'avait été faite à Cléry qu'à la fin, qu'il ne se doutât pas de l'existence de ladite correspondance.

» Déclare qu'il a vu les détenues fort inquiettes, parce qu'une de leurs lettres était tombée dans la cour (1).

––––––––––

(1) Que devint cette lettre? quelqu'un dût la trouver.

» Ayant demandé au citoyen Simon, s'il avait connaissance du bruit ci-dessus énoncé, il a répondu *qu'ayant l'ouïe un peu dur*, il n'avait rien entendu ; mais la citoyenne Simon, son épouse, a confirmé les dires dudit Charles Capet, relativement au bruit.

» Ledit citoyen Simon nous a dit que, depuis environ huit jours, ledit Charles Capet *se tourmentait pour faire sa déclaration aux membres du conseil.* Lecture faite auxdits déclarans, ont reconnu contenir vérité, et ont signé lesdits jour et an que dessus.

» *Signé*, Charles Capet, Simon, femme Simon, Remy (1), Seguy, Robin, Sillanel.

» D'après la déclaration ci-dessus, la susdite commission a fait une visite fort exacte dans l'appartement des détenues ; elle n'y a rien trouvé qui puisse donner de l'inquiétude ; elle a cependant remarqué que dans le cabinet de garde-robe, à la fenêtre qui fait face à la porte, *il y a deux barreaux de traverse qui sont déscellés des deux bouts*, et qui paraissent l'être depuis long-temps ; et à l'autre croisée du même cabinet, *le barreau et traverse d'en haut sont éga-*

____

(1) Mis hors la loi ; exécuté le 11 thermidor an 2 (29 juillet 1794).

lement déscellés des deux bouts, et paraissent aussi l'être depuis long-temps.

» La présente déclaration a été écrite, mot pour mot, sur le registre des procès-verbaux du Temple.

» *Signé*, Silou, Remy, Robin et Seguy. »

Que conclure de ce procès-verbal ? Rien ; les commissaires perdirent leurs peines, et l'honnête Simon vit échouer ce nouvel effort de son imagination.

Mais on se rappela que dans le procès qui eut lieu en novembre 1792, relativement au vol des diamans fait au Garde-Meuble, il avait été fait une déclaration portant que Madame Elisabeth avait fait passer ses diamans à ses frères, pour qu'ils empruntassent dessus ou les vendissent, pour payer les troupes qu'ils entretenaient contre la France. On fit de cette déclaration la base de l'accusation dirigée contre cette princesse ; et le 20 floréal an 2 (9 mai 1794), l'huissier Monet se rendit au Temple, vers les six heures et demie du soir, accompagné de l'adjudant-général d'artillerie de l'armée parisienne, Fontaine ; de l'aide-de-camp du général Henriot, Saraillée, et présenta aux membres du conseil, Mouret, Eudes (1), Magendié et Go-

-----

(1) Exécuté le 11 thermidor an 2 (29 juillet 1794).

defroi, une lettre de l'accusateur public Fouquier, portant invitation de remettre entre leurs
mains la sœur de Louis Capet, en conséquence
du mandat d'arrêt dont ils étaient porteurs.

Tous se rendent à la chambre des détenues,
qui frémissent à l'aspect de ces étrangers. L'un
d'eux ordonne à Madame Elisabeth de les suivre.
— *Que voulez-vous de moi ?* — Nous avons
l'ordre de t'emmener...

Ces mots sont un coup de foudre pour la jeune
princesse royale. Elle se jette aux genoux des
farouches exécuteurs des ordres du barbare
Fouquier. Elle les conjure de l'emmener avec
celle qui lui servit de mère....—*Ce n'est pas
toi qu'on demande ; c'est elle....*

Cette scène de douleur se prolonge. *Madame*
s'évanouit. L'infortunée Elisabeth disparaît avec
ces messagers de mort ; elle est conduite à la
Conciergerie. Elle reste déposée au greffe pendant deux heures, et est ensuite traduite dans la
chambre du conseil, où elle subit un interrogatoire secret, en présence de l'accusateur public.

Cet interrogatoire présente à-peu-près les
mêmes questions que celles qui avaient été faites
à la Reine. Nous nous dispenserons des détails,
et nous nous bornerons à dire que la princesse
répondit avec dignité et précision.

Le lendemain, elle fut traduite au tribunal
révolutionnaire,

révolutionnaire , et vingt-quatre autres accusés furent mis avec elle en jugement (1).

L'audience était composée ainsi qu'il suit :

René-François Dumas (2), *président.*

Juges.

Gabriel de Liége.

Antoine-Marie Maire.

Substitut de l'accusateur public.

Gilbert Lieudon.

Greffier.

Charles-Adrien Legris (3).

Jurés.

Trinchard. — Laporte. — Renaudin (4). — Grenier. — Brochet. — Auvrey. — Duplay. — Fauvety (5). — Mégère. — Prieur (6). — Fiévez. — Besnard (7). — Famber. — Desboisseaux (8).

---

(1) *Voyez* le procès des Bourbons , *Tom. II, pag.* 393. On y trouve les noms de toutes les victimes qui ont péri avec cette princesse.

(2) Mis hors la loi : exécuté le 10 thermidor an 2 (28 juillet 1794.)

(3) Exécuté le 1er. thermidor an 2 (19 juillet 1794).

(4) *Idem*, le 7 floréal an 3 (6 mai 1795).

(5) *Idem*, à Avignon, en l'an 3.

(6) *Idem*, à Paris, le 17 floréal an 2, (6 mai 1794).

(7) Mis hors la loi le 9 thermidor an 2, exécuté le 10 (28 juillet 1794).

(8) *Idem.*

D'après la déclaration unanime du jury, le tribunal condamna à la peine de mort Elisabeth, sœur de Louis XVI, et avec elle, en masse, les vingt-quatre autres victimes, au rang desquelles on distinguait *Loménie de Brienne*, ex-ministre de la guerre ; *Mégret de Sérilly*, ex-trésorier-général de la guerre, et son épouse ; ainsi que la veuve de l'ex-ministre Montmorin. Madame Elisabeth entendit son arrêt avec calme, et marcha à la mort avec fermeté. Elle eut la douleur de voir tomber successivement les têtes des vingt-quatre victimes qui l'accompagnaient à l'échafaud....

« Dans le cours trajet qui la sépare de l'éternité, son fichu se dérange et tombe aux pieds du bourreau ; toute entière encore au sentiment de la décence qui dirigea ses actions dans tout le cours de sa vie, elle se tourne vers celui qui va lui donner le coup de la mort, et d'une voix suppliante : *au nom de la pudeur*, lui dit-elle, *couvrez-moi le sein*. Telles furent les dernières paroles de celle à qui la France, dans des temps plus heureux, eût élevé des autels ; et elle cueillit avec calme et dignité la palme des martyrs. »

On se rappelle, et il est à la connaissance de tout Paris, que les individus qui composaient le tribunal révolutionnaire, siégeaient dans la grand'salle qu'occupe aujourd'hui le tribunal de cassation. Dans cette salle, l'une des plus grandes du Palais de justice, on y avait fait construire un amphithéâtre, sur lequel il y avait, dans l'origine, deux banquettes ou pouvaient s'asseoir cinq à six personnes avec autant de gendarmes. Cet amphithéâtre parut aux yeux des membres de la tyrannie d'alors, trop petit pour contenir un certain nombre de prétendus conspirateurs, que chaque jour on envoyait à la mort. Le tribunal augmenta par la suite le nombre de ces banquettes : il y en avait quatre lorsque ce tribunal fut renversé, et sur lesquelles on fit placer soixante-dix-huit personnes des deux sexes, qui périrent le jour de l'arrestation des membres de la convention, Robespierre, Couthon, Saint-Justh, Lebas, et autres.

A l'époque ou l'infortunée princesse Elisabeth, sœur du Roi, parut devant ses bourreaux, le nombre des victimes qui allaient à la mort chaque jour était de vingt à vingt-cinq personnes. Ce nombre ne remplissait point le vaste plan de destruction que se proposaient les membres des comités de salut-public et de sûreté-générale. Pour trouver des coupables en masse, ils inventèrent les conspirations dites des prisons ; c'est sous le vain titre de crimes imaginaires qu'ils firent périr tant de monde à-la-fois. Il y avait à Paris plus de vingt maisons de force ; toutes ces maisons étaient situées dans différens quartiers de la ville, mais le plus grand nombre se trouvait sur la rive gauche de la Seine. Les vastes bâtimens des colléges, des abbayes et des palais, étaient principalement destinés à servir de cachots à tous les honnêtes gens que l'on transportait à Paris, de tous les coins de la France. Ces maisons de détention, connues sous les noms de *Saint-Lazare*, des *Madelonettes*, de la *Force*, du *Plessi*, de *Montaigu*, de la *Bourbe*, du *Luxembourg*, des *Carmes*, des *Quatre-Nations*, de *Sainte-Pélagie*, de *Bicêtre*, etc., dont les propriétaires avaient déjà péri sous la hache des bourreaux, renfermaient plus de trente mille âmes de tout sexe, de tout âge et de toutes conditions. La Conciergerie du Palais, était le dépôt où l'on transportait chaque jour les victimes qui devaient aller à la mort le lendemain. Pour m'exprimer en termes de l'*argot* des monstres qui étaient les maîtres de la France, ils appelaient ces exécutions *battre monnoie avec le sang des riches*. Sous prétexte de conspirations des prisons, l'on dressait chaque jour une liste prise dans ces maisons de force. Cette liste était de cinquante, de soixante, plus ou moins, selon qu'il fallait en varier le nombre, et la dernière *fournée*, expression des brigands, était de soixante-dix-huit.

Sur les derniers temps de la vie du monstre Robespierre, la hache des bourreaux était continuellement en permanence ; il y en avait une à Brest, une autre à Orange, sans compter les commissions de l'armée révolutionnaire qui parcouraient les campagnes. La terreur était dans toute la France ; le crime succédait au crime, tout n'était que destruction. A Paris, la grande expédition du voyage chez les morts était à la veille de s'exécuter. L'amphithéâtre que l'on avait construit dans la grand'salle du palais de justice ne pouvait contenir que soixante-dix-huit victimes. Les listes des comités ne pouvaient se remplir en entier, il fallait nécessairement remettre au lendemain les malheureux qui n'avaient pu, faute de place sur l'amphithéâtre, paraître devant les monstres qui se disaient des juges!... Dumas, alors président du tribunal révolutionnaire, fit prendre un arrêté par ces juges, qu'il rédigea lui-même, et qui portait qu'il serait fait une pétition au comité de salut public, à l'effet de constater que la salle qu'ils occupaient n'était plus assez spacieuse pour mettre en jugement tous les individus qu'on leur envoyait chaque jour. Il demanda et obtint la permission de faire construire dans la grande gallerie, ou salle connue sous le nom de *salle des libraires,* un amphithéâtre de plus de cent cinquante pieds de long. Au lieu de soixante-dix-huit personnes que l'on pouvait mettre en jugement, par cette grande mesure, quatre cents individus auraient pu se placer à côté les uns des autres sur cette immense échafaudage. Les menuisiers prirent leurs dimensions, et les travaux devaient se faire avec la plus grande célérité. Mais Dieu qui voit tout, et qui tôt ou tard arrête les scélérats dans leurs projets homicides, étendit son bras vengeur sur Robespierre et sur le tribunal lui-même, qui périrent du dernier supplice. Des milliers de malheureux, désignés pour victimes, furent sauvés.

LE PRINCE ROYAL.

Une année s'écoula sans qu'on entendit parler des deux jeunes prisonniers du Temple. Ce ne fut que le 9 juin 1795, que Sevestre, au nom du comité de sûreté générale, fit le rapport suivant à la convention :

« Depuis quelque temps, le fils de Capet était incommodé par une enflure au genou droit et au poignet gauche. Le 1er floréal (19 avril), les douleurs augmentèrent, le malade perdit l'appétit et la fièvre survint. Le fameux Desault, officier de santé, fut nommé pour le voir et le traiter : ses talens et sa probité nous répondaient que rien ne manquerait aux soins qui sont dus à l'humanité.

» Cependant la maladie prenait des caractères très-graves. Le 16 de ce mois (3 juin) Desault mourut. Le comité nomma pour le remplacer le citoyen Pelletan, officier de santé très-connu ; et le citoyen Dumangin, premier médecin de l'hôpital de Santé, lui fut adjoint.

» Leurs bulletins d'hier, à onze heures du matin, annonçaient des symptômes inquiétans

pour la vie du malade ; et à deux heures un quart
d'après-midi, nous avons reçu la nouvelle de la
mort du fils de Capet. Le comité de sûreté générale m'a chargé de vous en informer : tout est
constaté. »

PROCÈS-VERBAL

*De l'ouverture du corps du fils du défunt Louis
Capet, dressé à la tour du Temple, à onze
heures du matin, le 21 prairial (8 juin 1795).*

« Nous soussignés Jean - Baptiste - Eugénie
Dumangin, médecin en chef de l'hospice de
l'Unité, et Philippe-Jean Pelletan, chirurgien en
chef du grand hospice de l'Humanité, accompagnés des citoyens Nicolas Jeanroy, ancien
professeur aux écoles de médecine de Paris, et
Pierre Lassus, professeur de médecine légale à
l'école de santé de Paris, que nous nous sommes
adjoints en vertu d'un arrêté du comité de sûreté générale de la convention nationale, daté
d'hier, et signé *Bergoeng*, président, *Courtois,
Gauthier, Pierre Guyomare*, à l'effet de procéder ensemble à l'ouverture du corps du fils du
défunt Louis Capet, en constater l'état, avons
agi ainsi qu'il suit :

» Arrivés tous les quatre, à onze heures du

matin, à la porte extérieure du Temple, nous y avons été reçus par les commissaires qui nous ont introduits dans la tour. Parvenus au deuxième étage, nous sommes entrés dans un appartement, dans la seconde pièce duquel nous avons trouvé dans un lit le corps mort d'un enfant qui nous a paru âgé d'environ dix ans, que les commissaires nous ont dit être celui du fils de défunt Louis Capet, et que deux d'entre nous ont reconnu pour être l'enfant auquel ils donnaient des soins depuis quelques jours. Les susdits commissaires nous ont déclaré que cet enfant était décédé la veille, vers trois heures de relevée ; sur quoi nous avons cherché à vérifier les signes de la mort, que nous avons trouvés caractérisés par la pâleur universelle, le froid de toute l'habitude du corps, la roideur des membres, les yeux ternes, les taches violettes ordinaires à la peau du cadavre, et sur-tout par une putréfaction commencée au ventre, au scrotum et au-dedans des cuisses.

» Nous avons remarqué, avant de procéder à l'ouverture du corps, une maigreur générale, qui est celle du marasme ; le ventre était extrêmement tendu et météorisé. . . . . . .

(Ici les médecins et chirurgiens vérifient l'état du cadavre, tant à l'extérieur qu'à l'intérieur.)

» . . . Tous les désordres dont nous venons de donner le détail, sont évidemment l'effet d'un vice scrophuleux, existant depuis long-temps, et auquel on doit attribuer la mort de l'enfant.

» Le présent procès-verbal a été fait et clos à Paris, au lieu susdit, par les soussignés, à quatre heures et demie de relevée, les jour et an que dessus. »

Signé J. B. E. Dumangin, P. J. Pelletan, P. Lassus, N. Jeanroy.

Le 10 de juin, à huit heures et demie du soir, deux commissaires civils et le commissaire de police de la section du Temple, se transportèrent à la tour du Temple, pour, en vertu d'un arrêté du comité de sûreté générale, enlever le corps du fils de Louis Capet: ils le trouvèrent découvert; et, en leur présence, il fut mis dans un cercueil de bois, et transporté de suite au cimetière de Sainte-Marguerite, rue du même nom, faubourg Saint-Antoine, où il fut inhumé.

MADAME PREMIÈRE.

Après avoir successivement perdu un père, une mère, adorés; une tante chérie, qui fut pour elle une seconde mère, la princesse royale, aujourd'hui madame la duchesse d'Angoulême, resta dix-sept mois et dix jours seule, dans la tour du Temple, privée de toute espèce de consolation, ignorant si elle était destinée à passer dans les fers une vie dont les plus beaux instans avaient été abreuvés de tant d'amertume.

Enfin, le jour arriva où l'on s'occupa du sort de cette princesse infortunée.

Le 18 juin 1795, plusieurs particuliers d'Orléans présentèrent à la convention une adresse énergique et touchante, dans laquelle ils réclamaient la mise en liberté de l'auguste prisonnière, et demandaient qu'elle fût rendue à sa famille. Voici cette adresse:

« Citoyens Représentans,

» Tandis que vous avez rompu les fers de tant de malheureux, victimes d'une politique ombrageuse et cruelle, une jeune infortunée

condamnée aux larmes, privée de toute consolation, de tout appui, réduite à déplorer ce
qu'elle avait de plus cher, la fille de Louis XVI
languit encore au sein d'une horrible prison.

» Orpheline si jeune ; encore abreuvée de
tant d'amertume, de tant de deuil, qu'elle a bien
douloureusement expié le malheur d'une si auguste naissance! Hélas! qui ne prendrait pitié
de tant de maux, de tant d'infortunes, de son
innocence, de sa jeunesse?

» Maintenant que, sans craindre le poignard
des assassins et la hache des bourreaux, on peut
enfin ici faire entendre la voix de l'humanité,
nous venons solliciter son élargissement et sa
translation auprès de ses parens ; car, qui d'entre
vous voudrait la condamner à habiter des lieux
encore fumans du sang de sa famille? La justice,
l'humanité, ne réclament-elles pas sa délivrance?
Et qui pourrait objecter la défiance la plus inquiète, la plus soupçonneuse?

» Venez entourer tous cette enceinte, formez
un cordon pieux, vous, Français sensibles, et
vous tous qui reçûtes des bienfaits de cette famille infortunée ; venez, mêlons nos larmes,
élevons nos mains suppliantes, et réclamons la
liberté de cette jeune innocente ; nos voix seront
entendues : vous allez la prononcer, citoyens re-

présentans, et l'Europe applaudira à cette résolution, et ce jour sera pour nous, pour la France
entière, un jour d'allégresse et de joie. »

Les députés Bancal, Lamarque, Drouet,
Quinette et Camus, le ministre de la guerre
Beurnonville, les ambassadeurs Sémonville et
Maret, étaient détenus en Autriche. Le 30 juin
(12 messidor), Treilhard, au nom des comités
de sûreté générale et de salut public, proposa
d'échanger la fille du dernier Roi des Français
contre ces députés et ces ambassadeurs. La convention accueillit cette proposition, et son décret
fut envoyé au général Pichegru, avec ordre de le
communiquer au comte de Clairfayt ; ce qui eut
lieu par l'entremise du baron de Stein, commandant des troupes du cercle de Souabe. M. le
général Clairfayt ayant, à son tour, transmis
ledit décret à S. M. I., en reçut une note par laquelle ce prince acquiesçait aux conditions pro-
posées.

Cependant cette négociation fut très-longue ;
mais, depuis cette époque, la princesse fut traitée
avec plus d'égards : madame de Chanterenne fut
placée auprès d'elle, et il fut permis à plusieurs
personnes de la cour de son père de la voir et
de la consoler. Mesdames de Tourzel, de Bé-
thune-Charost, de Mackau, son ancienne gou-

vernante, madame Laurent, sa nourrice, lui rendirent de fréquentes visites. On lui fit passer des livres; et la veille de sa fête on permit à des musiciens placés dans le grenier des bâtimens du Temple, de lui donner un concert, dont elle parut flattée.

Enfin, dans la nuit du 18 au 19 décembre 1795, *Madame* sortit du Temple, pour se rendre à la cour de S. M. l'empereur d'Allemagne. Elle atteignait ce jour-là sa dix-huitième année, cette princesse étant née le 19 décembre 1778.

Le ministre de l'intérieur Benezech avait fait faire tous les préparatifs du voyage de *Madame*; il vint la prendre au Temple et la conduisit respectueusement à l'hôtel du ministère; de-là, elle prit la route de Bâle, où devait s'effectuer l'échange convenu, accompagnée de Madame de Soucy, fille de Madame de Mackau; du commissaire du Temple Gaumain, qu'elle avait choisi à cet effet, et du nommé Carau, gardien de service au Temple.

Le lendemain, une autre voiture, dans laquelle étaient M. Hue, une femme-de-chambre qui servait la princesse dans sa prison, le cuisinier et le sous-cuisinier, partit pour la rejoindre.

Le 25 décembre, l'échange se fit à Bâle, et

la princesse Marie-Thérèse-Charlotte fut remise par M. Backer au prince de Gavre, qui la conduisit à Vienne.

Louis XVIII apprit cet heureux événement à Mittau.... « Son cœur soupira plus librement lorsqu'il la sut dans cet asile, et aidé, comme il se plaît à le répéter, d'un ami fidèle, il réunit tous ses soins et ses efforts pour obéir aux vues de la providence, qui lui confiait le soin de veiller au sort de l'auguste et malheureuse fille de Louis XVI. »

« Le Roi ne resta pas un seul moment incertain sur le choix de l'époux qu'il désirait voir accepter par *Madame*. Jamais son cœur paternel et français ne put soutenir l'idée de la voir séparée de la France par une alliance étrangère, quelque nécessaire qu'elle parût être pour lui donner un appui, et pour la sauver du dénuement qui la menace encore. Après s'être assuré de l'approbation de *Madame*, le Roi borna tous ses soins à obtenir qu'elle vint s'unir aux larmes, aux espérances, au sort de l'héritier de son nom. Les vœux du Roi sont exaucés; *Madame* est dans ses bras, c'est de-là qu'elle réclame ses droits à l'amour des Français; c'est là qu'elle forme des vœux ardens pour leur bonheur; car de ses longs et terribles malheurs, il ne lui reste que l'extrême besoin de voir des heureux (1). -

» *Madame* arriva à Mittau le 5 juin 1799. Louis XVIII alla au-devant d'elle...

» Une route longue et pénible n'avait point altéré ses forces ; elle ne souffrait que du retard qui la tenait encore séparée du Roi. Aussi-tôt que les voitures furent un peu rapprochées, *Madame* commanda d'arrêter. Elle descendit rapidement. On voulut essayer de la soutenir ; mais, s'échappant avec une incroyable légè-reté, elle courut à travers les tourbillons de poussière, vers le Roi, qui, les bras étendus, accourait pour la serrer contre son cœur. Les forces du Roi ne purent suffire pour l'empêcher de se jeter à ses pieds. Il se précipita pour la relever, et l'entendit s'écrier : *Je vous re-vois enfin!.... Je suis heureuse....Voilà votre enfant... Veillez sur moi ! soyez mon père !*

» Le Roi, sans pouvoir proférer une parole, serra *Madame* contre son sein, et lui présenta Mgr. le duc d'Angoulême...On se remit en voiture, et bientôt *Madame* arriva. Aussitôt que le Roi vit ceux de ses serviteurs qui volaient

____

(1) Lettre de M. l'abbé de Tressan, en date de Mittau, le 7 juin 1799.

au-devant de lui, il s'écria, rayonnant de bonheur : *la voilà !* ... A l'instant le château reten-
tit de cris de joie. »

Auprès du monarque, se trouvait le vénérable ministre qui avait assisté à la mort de l'infortuné Louis XVI. La princesse veut l'entretenir seule...

« Ses larmes ruisselèrent ; les mouvemens de
son cœur furent si vifs, qu'elle fut prête à s'é-
vanouir. M. Edgewort, effrayé, voulut appeler... *Ah ! laissez-moi pleurer devant vous*,
lui dit *Madame ; ces larmes, en votre présence, me soulagent.* Elle n'avait alors pour
témoins que le ciel et celui qu'elle regardait
comme son interprète. Pas une seule plainte
n'échappa de son cœur... M. l'abbé Edgeworth n'a vu que des larmes : c'est de lui-même
que je tiens ce récit. Il m'a permis de le citer ;
il sent que toute modestie personnelle doit céder à la nécessité de faire connaître cette âme
pure et céleste ... »

M. l'abbé de Tressan termine cette lettre par
l'apostrophe suivante :

« Français ! voilà celle que vous seuls pouvez rendre encore heureuse, en reprenant vos
anciennes vertus et votre amour pour vos rois.
Voilà celle qui demande à rentrer parmi vous,
pour y être, auprès du Roi, son oncle, l'exé-
cutrice

cutrice de cet article du testament de Louis XVI, sur lequel leurs cœurs sont si bien d'accord, le pardon des injures. Elle vient, le cœur rempli de sentimens tendres et religieux, vous aimer, vous consoler de vos longs malheurs. Elle vient ennoblir votre courage et légitimer votre gloire; elle vient, parée de son innocence, de sa jeunesse, de ses malheurs et de ses ressemblances... elle vient, environnée du tribut de vœux que croit lui devoir tout ce qui est honnête, loyal, sensible et fidèle sur la terre. Elle vient, comme l'ange de la paix, désarmer toutes les vengeances, et faire cesser les fureurs de la guerre. Que vos cœurs la rappellent, et vous verrez vos ports se rouvrir, votre commerce renaître; on n'arrachera plus vos enfans de vos bras pour les conduire à la mort. Vous retrouverez le repos, le bonheur, et l'estime de l'univers... »

Cette apostrophe touchante, imprimée il y a quinze ans, dans le *Spectateur du Nord,* semble avoir été écrite il y a quatre mois.

Nous ajouterons à ce tableau quelques traits d'une couleur plus sombre, qui peignent les malheurs de cette auguste famille, la force d'âme du monarque qui règne aujourd'hui sur les Français, et les attentions touchantes de Madame la duchesse d'Angoulême pour ce prince adoré;

16

nous les puisons dans une lettre de **M.** le comte d'Avaray, lettre dans laquelle il retrace le voyage du monarque, forcé de quitter Mittau pour se rendre à Memel.

« . . . Votre cœur français vous aura peint ce moment affreux, ce départ inopiné, dont, au milieu du désespoir de tant de malheureux, il a fallu précipiter les apprêts dans les vingt-quatre heures du 21 janvier, jour de deuil et de douleur, consacré, par l'auguste fille de Louis XVI, à la retraite, aux larmes, et aux exercices de piété. Vous savez déjà avec quelle dignité notre maître s'est montré dans cette inconcevable circonstance, consolant, encourageant ses infortunés serviteurs ; mais surtout leur recommandant de ne jamais oublier ce qu'ils doivent au souverain qui lui offrit et lui donna long-temps un asile, qui forma l'union de ses enfans. Vous le voyez grand et digne du trône, chacune de ses infortunes devenant pour lui un degré de gloire ; les traces de ses pas arrosées de larmes faites pour enorgueillir les plus puissans souverains . . .

« . . . Mais je reviens à l'objet principal de **ma** lettre : le récit des premières journées de notre marche, et sur-tout l'ange du ciel que la providence a laissé ici bas pour consoler le petit fils

de Louis XIV, sans asile sur la terre, cette char-
mante, cette héroïque princesse, qui, élevée
dans une prison, et pendant des années ayant
à peine entrevue le jour, et maintenant jetée sur
le globe, et sans abri dans l'immensité.

» C'est avec une âme vraiment sublime, jointe
à la plus adorable sensibilité, que Madame la
duchesse d'Angoulême marcha dans cette nouvelle carrière de calamité. Elle n'a pas balancé
un moment à attacher son sort à celui de son
oncle. Elle veut suivre son Roi par-tout, et con-
fondre ses propres infortunes avec les siennes:
telles sont ses propres expressions.

« Ce voyage, jusqu'ici, au bord de la mer
sur-tout, a été cruel ; une tempête horrible,
des tourbillons de neige aveuglant les hommes
et effrayant les chevaux, ont interrompu la dernière journée... La rigueur de la saison, les
gîtes les plus affreux, l'ignorance absolue du
lieu où pourront se reposer ces têtes précieuses,
rien n'altère la douceur, la constance de notre
adorable princesse. Uniquement occupée du
Roi, tout est bien, tout est beau pour elle...
Rien ne peut lui arracher une plainte. C'est un
ange consolateur pour notre maître, et un modèle de courage pour nous!...Que n'ai-je, pour
m'exprimer, tout ce que la nature m'a donné

16 *

pour sentir ! Mon tableau serait plus vrai, c'est-à-dire, non moins sublime que déchirant. Vous verriez, comme moi, à travers de vos larmes, notre cher maître, *celui qui portera enfin*, n'en doutez pas, *une couronne éclatante*, dans un misérable réduit, ayant pour tout espoir l'espoir d'en trouver un semblable le lendemain ; vous le verriez avec le visage serein, cette bonté, cette grâce qui lui sont propres, et que vous savez si bien apprécier, cherchant en vain des termes pour exprimer la reconnaissance ; à côté de lui, la fille de tant de rois, nouvelle Antigone, cette nouvelle victime échappée aux bourreaux de la famille, belle, touchante, rappelant enfin le meilleur des princes, sa courageuse mère, et la vertueuse et sainte Elisabeth ; vous la verriez, mon ami, tenant sur ses genoux le chien devenu cher à toute âme sensible *(celui de l'infortuné Louis XVI)*, compagnon de captivité du malheureux enfant royal, puis le seul témoin compatissant de ses longues souffrances à elle-même. Dans ce cadre révéré, vous placeriez le respectable abbé Edgeworth, dont la seule personne, retraçant un exécrable attentat, commande le dévouement et l'oubli de soi-même. »

Cette lettre est du mois de janvier 1801.

Treize ans devaient encore s'écouler avant que cette auguste famille vît apporter un terme à ses longues souffrances.

Enfin, les temps sont arrivés, les prophéties se sont accomplies, et la France jouit du bonheur de posséder dans son sein, et le meilleur des Rois, et sa sensible consolatrice, et les princes de l'antique maison de Bourbon.

FIN.

LISTE ALPHABÉTIQUE

Des Commissaires nommés dans la nuit du 9 au 10 août 1792, par les quarante-huit sections de Paris, pour s'adjoindre à la commune insurrectionnelle qui concourut à l'attaque du Palais des Tuileries.

LA première section qui envoya des commissaires à la commune, fut celle des Quinze - Vingts. Les pouvoirs qu'elle leur donna sont ainsi conçus :

« L'assemblée donne pouvoirs illimités de tout faire pour sauver la patrie, et déclare ne plus reconnaitre d'autres ordres que ceux des commissaires réunis. »

La seconde section fut celle de Bon-Conseil, ci-devant Mauconseil. Leurs pouvoirs sont ainsi conçus :

« Pouvoirs les plus étendus de faire tout ce qu'ils aviseront pour le salut de la chose commune, et consentir à tout ce qui sera avisé par les commissaires réunis. »

Les autres sections donnèrent les mêmes pouvoirs, à l'exception de quelques phrases différentes, mais toujours dans le même sens. Les chefs des conjurés s'étaient répandus dans tous les coins de la capitale, et par conséquent les ordres étaient les mêmes.

NOMS.	ÉTATS. — SECTIONS.
Avril.	Roule.
Auvray	Grange-Batelière, ou Mirabeau.
Audro.	Place Louis-Quinze, ou le Mail.
Alepe.	Arcis.
Arou-Romain	Bondy.
Aubert	Montreuil.
Auger.	*Maître de pension.* — Faubourg Saint-Denis.
Adet	Enfans-Rouges, ou des Marais.
Audouin	Fontaine de Grenelle.
Brochet (1)	Théâtre-Français.
Bigant	Sainte-Geneviève, ou Panthéon.
Belliot.	Sainte-Geneviève, ou Panthéon.
Baudouin.	*Charpentier.* — Gobelins, ou Finistère.
Benoist	*Épicier.* — Thuileries.
Boutinot (Michel).	*Architecte.* — Champs-Elysées.
Boissel (2)	Palais-Royal, ou Butte-des-Moulins.

(1) *Fusillé.*
(2) *Mort dans son lit.*

NOMS.	ÉTATS. — SECTIONS.
Bourillon . . .	Place Vendôme.
Baudrais. . . .	Bibliothèque.
Boulet . . .	*Direct. de la pet. poste.* — Fontaine Montmorency.
Belette. . . .	Bonne-Nouvelle.
Bailly	Ponceau.
Bilaud-de-Varenn.	Théâtre-Français.
Brutus Sigaud. .	Croix-Rouge.
Bonhommet. . .	Mauconseil.
Bouin	Marché des Innocens.
Beaudier. . .	Poissonnière.
Bourdon . . .	Bondy.
Beguin . . .	Temple.
Barry. . . .	Popincourt.
Bernard . . .	Montreuil.
Boulanger . . .	Montreuil.
Boisseau . . .	Quinze-Vingts.
Ballin. . . .	Quinze-Vingts.
Bourdon (Léon.) (1)	*Député à la convention.* — Gravilliers.
Berle	Roi de Sicile, ou Droits-de-l'Homme.
Bouché-Fontaine .	*Fondeur.* — Hôtel-de-Ville, ou Maison-Comm.
Barucant. . . .	Arsenal.
Boula. . . .	Arsenal.
Bodsony, le jeune .	Henri-Quatre, ou Pont-Neuf.
Bigos	Roule.
Chaumet (2) . .	Théâtre-Français.
Colmar (3) . .	Croix-Rouge.
Cellier	*Chirurgien.* — Thermes de Julien.
Croutelle. . . .	Sainte-Geneviève, ou Panthéon.
Charbonnier (4) .	*Mercier.* — Thuileries.
Chevalier . . .	Roule.
Châtelet . . .	Place Vendôme.
Caron. . . .	Bibliothèque.
Crosne . . .	Louvre.
Collard . . .	Louvre.
Codieu . . .	Oratoire.
Chevery . . .	Halle-aux-Blés.
Chevalier-S.-Didier	Fontaine Montmorency.
Champertois. . .	Bonne-Nouvelle.
Cailleux . . .	Ponceau.
Carrette . . .	Mauconseil.
Chartrey. . . .	Mauconseil.
Cretté. . . .	Lombards.

(1) *Mort en 1812 à l'armée d'Allemagne, où il était employé dans les hôpitaux.*
(2) *Décapité.*
(3) *Mort dans son lit.*
(4) *Mort dans son lit.*

NOMS.	ÉTATS. — SECTIONS.
Chalmette . . .	Arcis.
Coindet . . .	Faubourg-Montmartre.
Cally	Bondy.
Chauvin . . .	Montreuil.
Colombart . .	Gravilliers.
Constant . . .	*Sculpteur.* — Faubourg-Saint-Denis.
Charles . . .	Enfans-Rouges, ou des Marais.
Colombeau . .	Roi de Sicile, ou Droits-de-l'Homme.
Chapelet . . .	*Peintre.* — Hôtel-de-Ville, ou Maison-Comm.
Concedieu . .	Arsenal.
Cheradame . .	Quatre-Nations.
Darnauderie . .	Luxembourg.
Deriqueme . .	Observatoire.
Durier, le jeune	Jardin-des-Plantes, ou Sans-Culottes.
Deliens . . .	*Graveur.* — Gobelins, ou Finistère.
Dubertrès . . .	*Traiteur.* — Champs-Elysées.
Delfaut . . .	Champs-Elysées.
Desgaignès . .	Ile Saint-Louis, ou la Fraternité.
Deveze . . .	Roule.
Donnay . . .	Roule.
Detournelles . .	Bibliothèque.
Deltrois . . .	*Ancien meunier.* — Louvre.
Dufort . . .	Ponceau.
Deloix . . .	Ponceau.
Defresne . . .	Observatoire.
David (1) . .	*March. de vin.* — Des Postes, ou Contrat-Social.
David . . .	Mauconseil.
Dufresne, fils .	Faubourg-Montmartre.
Dupré . . .	Poissonnière.
Daujon . . .	Bondy.
Dangé . . .	*Epicier.* — Popincourt.
Duchesne . . .	Popincourt.
Damois . . .	Montreuil.
Duval-Destaing .	Gravilliers.
Dupont . . .	*Fabricant d'amidon.* — Faubourg-Saint-Denis.
Desmarest . .	Faubourg-Saint-Denis.
Dumas . . .	Beaubourg.
Dufour . . .	Enfans-Rouges, ou des Marais.
Ducluzeau . .	*Greff. de juge de p.* — Hôt.-de-V., ou Mais.-Com.
Durand . . .	Ile Saint-Louis, ou la Fraternité.
Daiguillon . .	Notre-Dame, ou la Cité.
Emi	Fontaine Montmorency.
Escabas . . .	Ile Saint-Louis, ou la Fraternité.
Favanne . . .	Théâtre-Français.
Fauvel . . .	Sainte-Geneviève, ou Panthéon.
Félix . . .	*Professeur.* — Jardin des Plantes.

(1) *Mort dans son lit.*

NOMS.	ÉTATS. — SECTIONS.
Faure	Grange-Batelière, ou Mirabeau.
Friry	Place Louis-Quatorze, ou le Mail.
Fichu	Place Louis-Quatorze, ou le Mail.
Fricourt	Faubourg-Montmartre.
Fars	Poissonnière.
Fontaine	Quinze-Vingts.
Fournereau	Quinze-Vingts.
Francais	Ile Saint-Louis, ou la Fraternité.
Franchet	Notre-Dame, ou la Cité.
Fournier	Henri-Quatre, ou Pont-Neuf.
Godard	Luxembourg.
Gobeau	Croix-Rouge.
Grandmaison	Luxembourg.
Gorel	Sainte-Geneviève, ou Panthéon.
Germain (Ph.-Fél.)	Jardin-des-Plantes, ou Sans-Culottes.
Genot	*Homme de loi.* — Oratoire.
Ganilh	Halle-aux-Blés.
Guiraud	Des Postes, ou Contrat-Social.
Geoffroy	Place Louis-Quatorze, ou le Mail.
Gomé	Mauconseil.
Guillot	Lombards.
Grenier	Arcis.
Guidamour	Beaubourg.
Gersain	Hôtel-de-Ville, ou Maison-Commune.
Gilles	*Homme de loi.* — Notre-Dame, ou la Cité.
Guigne	Invalides.
Goudicheau	Fontaine de Grenelle.
Grangeneuve	Quatre-Nations.
Henriot, le jeune	Jardin-des-Plantes, ou Sans-Culottes.
Hassenfratz	Oratoire.
Hennissart	Halle-aux-Blés.
Hébert, dit Père Duchesne (1)	*Journaliste.* — Bonne-Nouvelle.
Hulau	Popincourt.
Huguenin	Quinze-Vingts.
Iffenger	Croix-Rouge.
Jacob	*Horloger.* — Thermes de Julien.
Joubert	*Marchand d'estampes.* — Thermes de Julien.
Jaladin	Jardin-des-Plantes, ou Sans-Culottes.
Jolie	Champs-Elysées.
James	Des Postes, on Contrat-Social.
Jobert	*Peintre.* — Marché des Innocens.
Jolly	Lombards.
Jerôme	Arcis.
Jacot	Arcis.
Jaillant	Enfans-Rouges, ou des Marais.

(1) *Décapité.*

NOMS.	ÉTATS. — SECTIONS.
Jamson	Place-Royale, ou des Fédérés.
Journé	Place-Royale, ou des Fédérés.
Joliberteau . . .	Arsenal.
Jacquet	Ile Saint-Louis, ou la Fraternité.
Jacot de Villeneuve	Notre-Dame, ou la Cité.
Jacob.	Invalides.
Jeanson	Quatre-Nations.
Kiggen	*Bottier.* — Thuileries.
Lebois.	Théâtre-Français.
Labarre	Croix-Rouge.
Lasnier	Luxembourg.
Lefevre	Observatoire.
Lecamus. . . .	Gobelins, ou Finistère.
Lubin.	*Boucher.* — Champs-Elysées.
Lubin (Jean-Jac.).	Champs-Elysées.
Lebreton	Palais-Royal, ou Butte-des-Moulins.
Lacoste	Palais-Royal, ou Butte-des-Moulins.
Leignelot. . . .	Place Vendôme.
Lefevre	*Ancien Coiffeur.* — Bibliothèque.
Lhuillier	Grange-Batelière, ou Mirabeau.
Lescot-Fleuriot. .	Louvre.
Legray	Louvre.
Lavoyepierre . .	Louvre.
Lavau.	Oratoire.
Laplanche . . .	Oratoire.
Levacher. . . .	Halle-aux-Blés.
Larcher	Place Louis-Quatorze, ou le Mail.
Lulier.	Mauconseil, rue de la Grande-Truanderie.
Langlois. . . .	*Professeur de botanique.* — Marché des Innocens.
Lelievre, le jeune .	Lombards.
Louvet	Lombards.
Lelievre	Lombards.
Lepine, père. . .	Arcis.
Lhermina . . .	Poissonnière.
Landregin . . .	*Employé à l'enregistrem.* — Faub. Saint-Denis.
Lemaire	Beaubourg.
Leclerc	Roi de Sicile, ou Droits-de-l'Homme.
Lenfant	Roi de Sicile, ou Droits-de-l'Homme.
Leloup, père . .	*Musicien.* — Hôtel-de-Ville, ou Maison-Comm.
Lainé.	Place Royale, ou les Fédérés.
Lemeunier . . .	Place Royale, ou les Fédérés.
Leger	Arsenal.
Laborie	Notre-Dame, ou la Cité.
Letellier	Henri-Quatre, ou le Pont-Neuf.
Liardet	Henri-Quatre, ou le Pont-Neuf.
Leroi.	Invalides.
Lecomte. . . .	Quatre-Nations.
Millier	Croix-Rouge.
Marcenay . . .	Luxembourg.

NOMS.	ÉTATS. — SECTIONS.
Mathieu	*Homme de loi.* — Thermes de Julien.
Marie.	Sainte-Geneviève, ou Panthéon.
Marlin.	Jardin-des-Plantes, ou Sans-Culottes.
Mercier	*Employé.* — Gobelins, ou Finistère.
Maillet	*Graveur.* — Gobelins, ou Finistère.
Michaut	*Comédien.* — Thuileries.
Martain	*Epicier.* — Champs-Elysées.
Moulin	Place Vendôme.
Mathieu	Place Vendôme.
Marechal . . .	*Menuisier.* — Grange-Batelière, ou Mirabeau.
Mirabal	Halle-aux-Blés.
Moessart	Place Louis-Quatorze, ou le Mail.
Meunessier . . .	*Potier de terre.* — Fontaine Montmorency.
Moulinneuf . . .	Bonne-Nouvelle.
Michonis (1) . .	*Limonadier.* — Marché des Innocens.
Menager. . . .	Faubourg-Montmartre.
Martin	Gravilliers.
Michel	Beaubourg.
Mareux	Roi de Sicile, ou Droits-de-l'Homme.
Monouse. . . .	Place Royale, ou des Fédérés.
Mouchet	Ile Saint-Louis, ou la Fraternité.
Menil.	Henri-Quatre, ou Pont-Neuf.
Nicoul	Marché des Innocens.
Navier	Bondy.
Nartez	Place Royale, ou des Fédérés.
Nonel.	Invalides.
Olliveau	Quatre-Nations.
Pache.	Luxembourg.
Paris	Observatoire.
Paillé	*Bottier.* — Tuileries.
Pagnier	Grange-Batelière, ou Mirabeau.
Perrochet . . .	Grange-Batelière, ou Mirabeau.
Payen des Lauriers	Des Postes, ou Contrat-Social.
Pinon.	Fontaine Montmorency.
Polac	Bonne-Nouvelle.
Pantaclin. . . .	Ponceau.
Pecoul	*Fourreur.* — Marché des Innocens.
Pepin	Faubourg Montmartre.
Peltier	Poissonnière.
Pinard	Poissonnière.
Prinet.	Temple.
Prat	Temple.
Payen.	Popincourt.
Periac.	*Salpétrier.* — Faubourg Saint-Denis.
Quenet	*March. d'avoine.* — Hôtel-de-Ville, ou Mais.-C.

(1) *Décapité.*

NOMS.	ÉTATS. — SECTIONS.
René	Observatoire.
Rossignol. . . .	*Employé.* — Gobelins, ou Finistère.
Robespierre aîné (1)	*Député.* — Place Vendôme.
Reboul	Bibliothèque.
Renaudin (2) . .	*Luthier.* — Oratoire.
Réal	Halle-aux-Blés.
Roussel, l'Amér. (3)	Des Postes, ou Contrat-Social.
Romet	Bondy.
Rossignol. . . .	Quinze-Vingts.
Riquet	Beaubourg.
Rigault	Enfans-Rouges, ou des Marais.
Runel.	Roi de Sicile, ou des Droits-de-l'Homme.
Riotteau, père . .	*Orfévre.* — Notre-Dame, ou la Cité.
Reverand. . . .	Henri-Quatre, ou le Pont-Neuf.
Rousseau. . . .	Fontaine de Grenelle.
Rouval	Fontaine de Grenelle.
Rivallier. . . .	*Chirurgien.* — Fontaine de Grenelle.
Roger (Alexandre)	Quatre-Nations.
Simon.	Théâtre-Français.
Seguy.	Palais-Royal, ou Butte-des-Moulins.
Spol	Ponceau.
Simon	Beaubourg.
Sabatier	Fontaine de Grenelle.
Thomas	Observatoire.
Thainville . . .	Palais-Royal, ou Butte-des-Moulins.
Trefontaines . .	Bibliothèque.
Tassin	Temple.
Tessier	Temple.
Talbot	Temple.
Tourlot	Montreuil.
Truchon	Gravilliers.
Thevenot. . . .	Invalides.
Vincent	Théâtre-Français.
Varin.	*Libraire.* — Thermes de Julien.
Vachard	Thermes de Julien.
Vaudin	Roule.
Vallet.	*Serrurier.* — Fontaine Montmorency.
Veron.	Bonne-Nouvelle.
Vasseau, père . .	Faubourg Montmartre.
Venineux . . .	Popincourt.
Vincent	Arsenal.
Vaillant	Invalides.
Yunck.	*Cuisinier.* — Palais-Royal, ou Butte-des-Moul

---

(1) *Décapité.*
(2) *Décapité.*
(3) *Mort dans son lit.*

TABLEAU

Des Membres composant le Tribunal Révolutionnaire
à l'époque du jugement de la Reine.

JUGES.

1 Hermann, *président*, ex-président du tribunal du Pas-de-Calais (1).
2 Dumas, *vice-président*, du département du Jura (2).
3 Sellier, de Paris.
4 Dobsen, de Paris.
5 Brulé, de Paris.
6 Coffinhal, de Paris.
7 Foucault, de Paris (3).
8 Bravetz, du département des Hautes-Alpes.
9 De Liége, de Paris.
10 Subleyras, du département du Gard.
11 Célestin Lefetz, du district d'Arras.
12 Verteuil, de Paris, prêtre.
13 Lanne, ex-procureur-syndic du district de Saint-Pol (4).
14 Ragniez, de Lons-le-Saulnier.
15 Masson, premier commis du greffe du tribunal.
16 Denizot, de Paris.
17 Harny, homme de lettres.
18 David, de Lille, député suppléant à la convention.
19 Maire, juge du tribunal du premier arrondissement.

Accusateur public.

Fouquier-Tinville (5).

Substituts.

1 Fleuriot Lescot.
2 Grébauval.
3 Royer, de Châlons-sur-Saône.
4 Naulin, de Paris.
5 Lieudon, de Paris.

Greffier.

Joseph Pâris, surnommé *Fabricius.*

---

(1) *Mort sur l'échafaud le 18 floréal an 3.*
(2) *Exécuté le 10 thermidor an 2.*
(3) *Idem, le 18 floréal an 3.*
(4) *Idem.*
(5) *Idem.*

JURÉS.

1 Antonelle, ex-député des Bouches-du-Rhône.
2 Benoitray, de Paris.
3 Servière, de la ville d'Uzès.
4 Lumière, du comité révolutionn. de la section du Muséum (1).
5 Fauvel, de Paris.
6 Auvray, employé aux diligences.
7 Fainot, électeur de Paris.
8 Gaulhier, d'Eure-et-Loir.
9 Renard, de Paris.
10 Renaudin, luthier, de Paris.
11 Meyère, du Gard.
12 Châtelet, peintre (2).
13 Clémence, commis aux assignats.
14 Gérard, artiste.
15 Fiévée, du comité révolutionnaire de la section du Muséum.
16 Léonard-Petit-Treissin, de Marseille.
17 Trinchard, de Paris.
18 Topino-Lebrun, de Marseille.
19 Pyol, de Paris.
20 Girard, orfévre, de Paris.
21 Fouberbiel, chirurgien.
22 Presselin, tailleur.
23 Deydier, serrurier à Choisy-sur-Seine.
24 Sambat, peintre.
25 Villate, de Paris.
26 Klipis, jouaillier.
27 Chrétien, limonadier.
28 Le Roy.
29 Thoumin.
30 Laporte, administrateur du département de la Mayenne.
31 Ganney.
32 Jourdeuil.
33 Brochet.
34 Garnier.
35 Martin, chirurgien.
36 Guermeur, du Finistère.
37 Dufour.
38 Mercier.
39 Aubry, tailleur.
40 Campagne, orfévre.
41 Billon, menuisier.
42 Gimond, tailleur.
43 Baron, chapelier.
44 Prieur, peintre.

---

(1) *Décapité.*
(2) *Exécuté le 18 floréal an 2.*

45 Loher, épicier.
46 Duplay, père.
47 Devèze, charpentier.
48 Boissot, électeur de Paris.
49 Maupin, électeur de Paris.
50 Camus, artiste.
51 Aigoin, de Montpellier.
52 Picard, de Paris.
53 Nicolas, imprimeur (1).
54 Dumon, laboureur à Cahors.
55 Besson, de Saint-Dizier.
56 Gravier, vinaigrier à Lyon.
57 Payan, du département de la Drôme.
58 Gillebert, négociant à Toulouse.
59 Bécu, médecin, de Lille.
60 Des Boisseaux.

---

(1) *Mort sur l'échafaud le 12 thermidor an 2.*

TABLE.

DE L'IMPRIMERIE DE LEFEBVRE, RUE DE BOURBON,

N°. 11, F. S.-G.